门店促销策略与实战技巧

——给你一个门店，你该怎么做促销

柳叶雄 著

中华工商联合出版社

图书在版编目（CIP）数据

门店促销策略与实战技巧 / 柳叶雄著 . -- 北京 : 中华工商联合出版社 , 2018.9

ISBN 978-7-5158-2405-5

Ⅰ . ①门 … Ⅱ . ①柳 … Ⅲ . ①商店－促销 Ⅳ . ① F717

中国版本图书馆 CIP 数据核字 (2018) 第 177546 号

门店促销策略与实战技巧

作　　者：柳叶雄
责任编辑：于建廷　效慧辉
责任审读：傅德华
封面设计：胡　椒
责任印制：迈致红
出　　版：中华工商联合出版社有限责任公司
发　　行：中华工商联合出版社有限责任公司
印　　刷：10000 册
版　　次：2018 年 10 月第 1 版
印　　次：2018 年 10 月第 1 次印刷
开　　本：787mm×1092 mm　1/16
字　　数：220 千字
印　　张：16
书　　号：ISBN 978-7-5158-2405-5
定　　价：55.00 元

服务热线：010—58301130
团购热线：010—58302813
地址邮编：北京市西城区西环广场 A 座
19-20 层，100044
http://www.chgslcbs.cn
E-mail:cicap1202@sina.com （营销中心）
E-mail:y9001@163.com （第七编辑室）

前言

PREFACE

促销是一门艺术，促销策略更是技术和艺术的完美结合！

很多人认为打折、买赠、买减、买送等就是促销。笔者想说的是，这是属于促销，但是这样的促销是同质化的促销，是缺少策略的促销，是缺少技术性的促销。一个缺少策略和技术的促销，是没有价值、没有竞争力的。我们要经常思考，为什么很多商家与品牌经常做促销活动，却效果不好呢？为什么同样是打折，消费者不来买账呢？为什么同样在做促销活动，进店人数很少呢？为什么促销活动做完后，利润没有达到预期呢？

笔者通过走访许多门店、实操辅导门店以及在培训现场与学员互动交流了解到，以上的现象都是缺乏促销的策略和技巧。大部分门店有促销无技巧，更没有策略！最后导致促销没有达到预期的效果。

从促销的策略上来说，一个好的促销方案必须要做到以下几点：

1. 促销前必须先思考自己的定位是什么，促销的目的和目标是什么。

2. 促销前对市场与顾客进行调研，掌握市场动态，了解顾客喜欢什么。只有这样，才能确定赠品的选择与促销的方式。

3. 促销前对竞争对手的调研以及以往促销方案的分析，从而决策促销方案该如何做。

4. 促销前对设定的目标进行评估，然后策划如何达成目标。例如门店最重要的三个核心要素是“进店人数、成交率、客单价”，那么促销策略中就要思考，什么样的促销方案可以提升进店人数，什么样的促销方案可以提升成交率，什么样的促销方案可以提升客单价，这些在促销前必须提前策划!

5. 促销前的宣传方式应该如何做？单纯地发DM单、短信、电话、微信、海报、条幅等宣传能与促销的方案相匹配吗？这样能达到预期的效果吗？

6. 促销的目标客户是哪些群体，应该通过哪些宣传方式让目标客户知晓，并且有兴趣来参加，这是促销方案制订者必须提前考虑的问题，另外还要考虑应该采取哪些策略来应对。

7. 做好促销前的货品组织、平均折扣的预算、连带率的设计等指标的规划，这些直接影响到促销活动的结果与效果。

8. 促销的主题、促销的内容、促销的时间周期、促销的地点、商品的安排、活动的方案、宣传的策略、费用的预算、组织的安排、动员会议、激励方案、培训要点、陈列管控、目标跟进、现场管控等细节都需要提前策划和规划，唯有做好周详的准备，目标的达成率才会提高。

9. 促销技术上必须创新，在书中，柳叶雄老师通过实战案例进行讲解，柳老师给读者的建议是“促销技术的创新来自生活”，只有贴近生活才能贴近消费者的心。

10. 最后就是每场促销结束后要有评估，在策划前，必须制定促销评估的规则和标准，以便后期改进。

本书以实战案例为导向，以老师亲身的经历与各位读者探讨交流，很多观点仅供参考。例如：柳叶雄老师说：“什么叫节日？”从营销的视角来定义节日就是，自己心目中有节日的日子就叫节日！再用通俗一点的语言来说：“我认为它是节日就是节日。”只有这样，你的竞争对手仅仅是在法定节假日做促销活动，而你的节日比竞争对手多，因为你随时都可以创造节日。如同“双十一”和“双十二”一样，都是创造出来的。后期，老师会创造一个“时尚购物节”，我们也相信，各位优秀的读者，你也可以创造和策划更多的节日，让你的业绩倍增，让你的消费者追随于你！

从门店促销的策略上总结，柳叶雄老师独创的“24569”促销策略则是内容的精华：

促销策略2大核心：让更多的人进店、让进店的人买得更多。

促销策略4大模块：规划、设计、组织、创新。

创意促销5大要素：实惠、消费者参与、新颖、刺激、传播。

促销技术6大指标：销售额、进店数、平均折扣、连带率、客单价、门槛值。

创意促销9字口诀：玩数字、玩文字、玩游戏。

营销本无界限，促销更没有固定的法则，唯有让自己的思维打开，从生活中发现亮点、从实践中总结经验，不断创新，不断升级，不断与消费者互动，我相信你一定可以“轻松玩转门店促销”！

目录

CONTENTS

第一章　门店促销问题大揭秘

——同质化的促销让商家和消费者都疲惫了

- 门店促销现状问题分析
- 5W2H 法
- 高手过招　见招拆招

门店促销现状问题分析

1. 别人做促销逼着我也做

促销是门店经营者提高销售量和降低库存惯用的手段和方法，关于促销的宣传方法也是多种多样，比如在门店橱窗上贴 POP 促销广告或要求门店工作人员在门店附近发放传单，又或者拿着话筒在门店门口进行叫卖，以及朋友圈、微信、公众号发些资料等等。在我和众多门店经营者交流时，发现这些看似多样的促销方法并没有打破解门店提升销售和降低库存的困局，反而让门店承担很大的促销成本。当我和他们做更深入交流，询问他们为何冒着亏损的风险促销时，他们的回答是："别人的促销活动逼着我不得不做促销呀。"门店经营者的回答也让我终于明白为什么他们的促销没效果。

经营者的回答直接说明他们不懂为什么做促销以及促销真正的含义，单纯地认为做促销就是因为竞争对手做了，自己就要做，然后在商品价格上碾压竞争对手，以求获得更大的市场份额。这种认识显然是片面的。因为促销的真正含义是利益的交换、互动的引导、诱饵的攻心，而利益的交换主体是顾客而非竞争对手。如果门店经营者仅仅是为了在价格上碾压竞争对手，或者是为了抢夺竞争对手的市场份额而进行相应的促销，显然丧失了促销真正的价值。门店经营者只有将顾客当成门店促销的主体，然后通过一些针对性促销，给顾客提供超乎预期的产品、服务和价值，促销才能有效连接顾客，从而达到促销的预期效果。

门店经营者看别人做促销而促销，很容易让双方陷入价格战，突破产品价格的底线。因为目前促销最主要的手段就是降价，当一家门店进行降价，从而获取更多的顾客时，如果另一家门店经营者“眼红”，也进行相应的促销活动，对产品和服务进行降价，甚至打出更低的价格，这很容易激起两家更大的战争，必然进行几轮价格的争斗，在没有最低只有更低的竞争中，最终大家都赚不到钱，甚至是赔钱赚吆喝。

当然，没有钱赚的生意显然任何商家都不会做，为了求得生存，部分商家开始想方设法给顾客提供质量差、甚至是假冒伪劣的产品，“受伤”后的顾客自然不会再次光顾门店，门店的命运可想而知。因别人促销而促销的门店，极易降低服务质量。因为大家为了拿出更低的价格，不得不削减门店相关服务的成本，比如减少门店工作人员的数量，提供更少的服务项目，等等。服务质量的下滑，必然让顾客对门店产生不佳的印象，继而选择其他的门店。受到顾客冷落的门店，在寸土寸金的繁华商业街，很可能因支付不起租金而不得不关门歇业。

因此，因别人促销而促销的门店，很容易让自己甚至整个行业迷失在促销的路上。那是不是所有的门店都不进行促销，不给顾客提供一些实惠、可得的好处？显然不是，因为在当今这个竞争激烈的时代，门店离不开促销，没有促销的门店不能让顾客感受不到门店的温度和热情，不容易让顾客形成黏性，不能吸引顾客进行多次消费。

因此门店需要进行促销，但首先需要“坚持自我”的促销，不能因为其他门店促销而匆忙进行促销，更不能一味和竞争对手进行价格PK，以致两败俱伤。“坚持自我”的促销，不是局限在价格上，而是一种有个性、有主张、有目的、有策略性的促销。比如，门店结合当今火热的社交软件微博、微信、互动吧等发布围绕产品有趣促销的话题，然后让顾客进行相关的讨论，让这个话题有较高的讨论热度，尽可能让门店辐射范围的顾客都参与这个话题的讨论。当大量顾客讨论后到门店消费时，促销的作用也就能发挥出来了。另外，这种富有创意的促销活动显然能够得到更多顾客喜爱，获得顾客的好感。可是笔者发现，目前还有一部分门店老板不懂得如何使用互联网的工具，仅仅只停留在朋友圈和微信上宣传，其他的工具基本没有应用，这也是促销活动中的一个短板，期望更多的零售人员与时俱进，做好个性化的促销方案和具备高效的执行力。

如何让门店不跟风竞争对手而进行个性化的促销，这就需要门店经营者对门店的经营的产品、服务进行SWOT分析，分析出自家产品、服务、定价、团队的优劣势，机会和威胁以及和其他门店相比，核心竞争力是什么。提炼出门店的核心竞争力后，围绕着核心竞争力进行相应的促销活动，促销活动的创新性、差异化能够快速凸显，让顾客眼前一亮，吸引到顾客的注意力，促使顾客购买门店相关的服务和产品。

门店经营者依据自身的优势做相应的促销活动，拒绝成为其他门店促销的“跟风者”，能够让产品促销契合顾客的心理，达成自己的促销目的。同时也会让所有的门店有一个更好的促销环境，大家都有钱赚，继而给顾客提供更好的服务和产品，整个商业环境得以和谐发展，门店经营者、顾客实现共赢。

2. 促销就是搞氛围，偏离主题

营造销售氛围是促销策略中的一个环节。在开展促销活动的过程中，通过与产品相关的物料、礼品、人员等现场环境的布置以及互动活动等表现出销售氛围。也就是说，营造良好氛围是为了达到一定的促销目的而运用的一项技巧或方法，它只是一种手段，而不是最终目的。但是，很多店铺在搞促销活动时，从他们的促销方案中找不到促销的主题，一味强调氛围，而且整个促销计划都是为了营造氛围而开展的。他们片面认为促销就是提升人气，人气有了就会有销量。其实不然，再好的促销氛围如果没有一条主线串联起来，就非常容易跑题，最后都成为装饰。

我有一个学员，一个商场的负责人，找到我咨询促销到底该怎么做？我和他聊了很多，详细掌握了他以前是如何做促销的。他的商场一年大概要做12场到18场促销活动，每一场活动都搞得非常热烈，商场的促销氛围也不错，但是效果并不好，销售业绩并没有明显提升。举一个例子，以下是“520我爱你”促销活动。

我问他，这个活动你是如何做的？他就把他当天的促销方案拿给我看了一下。促销方案的整个篇幅都在讲一些物料、礼品以及人员的配置和使用情况，基本上没有实质性的主题。我就问他，当时商场里面是如何布置的？他说，他布置得很漂亮，所有的门店都有“520我爱你”的标志，顶上是小彩旗，货架上也有即时贴，商场门口还有几个大氢气球，反正店内店外都搞得特别漂亮。另外，商场内的抽奖、互动游戏都有布置。我问他，你的那些促销标牌上都写着什么？他说，都有“520我爱你”，进店有礼等，还有就是各个店铺的打折信息等。

我然后问他，你做这场活动的目的是什么？他说，肯定是为了提升业绩。我再问他，你提升业绩体现在哪个方面？他说，整个商场他都布置得漂漂亮亮的，各个店铺的打折信息也都标示得明明白白的，而且还设置了抽奖、互动等环节，气氛很火爆。

他就非常纳闷，为什么氛围那么好，销售量却上不去呢？

这个学员的促销活动就是典型的“促销就是搞氛围”的案例。他认为促销就是把店铺布置得漂漂亮亮的，把顾客吸引到店里来就行了。其实不然，他没有搞明白营造那么热烈的氛围是为了什么，没有搞明白促销的最终目的。所以，即使他营造了一个很好的氛围，把顾客也吸引到店里来了，但是没有让顾客下定决心掏腰包的主题。我们都知道促销活动是为了业绩服务的，营造氛围也是为了提升业绩服务，但是很多人却把主题放在了次要位置，把营造氛围放在了首要位置，这就是本末倒置的体现。下面我们再看一个成功促销的案例。

也是一家商场搞促销活动，同样是以“520 我爱你”为主题。它的促销方案是这样做的：

首先，确定活动的目的。利用 5 月 20 日这个特殊节日的销售热点，吸引年轻情侣、夫妇以及有孩子的家庭，以促销商品的优惠来提升商场的销售业绩。

其次，确定促销的主题。“520”是一个富有浪漫意义的日子，这个浪漫体现在情侣、夫妻、母子身上。所以，活动以“520 我爱你，你告白、我送礼，爱你就要你知道”为主题。

最后，制定活动内容。第一，根据“520”的特殊含义，整个商场的布置以温馨、浪漫为主，配合相亲大舞台，营造一个敢于表白的氛围，并倡导为这一特殊的时刻留下一份美好的记忆以及见证。

所有服装店铺推出情侣套装，首饰店铺推出情侣信物，儿童店铺推出亲子套装。顾客店铺消费额达 520 元，送真情 100 元的现金购物券，另送两张电影票以及幸运大抽奖。顾客在享受以上主题促销的同时享受店铺原有折扣。幸运大抽奖的礼品以情侣或母子套装为主，提升礼品的附加值。

把商场所有的布置都与以上第二条联系起来，无论是彩旗还是标牌都印上“520 我爱你，你表白，我送礼。服饰类商品满 520 送真情 100，另送两张电影票以及幸运大抽奖”等字样。另外，所有的互动、抽奖都以情侣、母子等双人参加，并且在游戏中设置定情信物、爱意表达的环节。

在这个活动中，营造氛围是以促销目的为前提的，所有的布置以及互动都是围绕着促销的主题，并且商场的优惠活动也与主题挂钩，更能凸显促销活动的新意。

从以上两个案例，我们可以明显看出，第二个促销活动肯定会比第一个成功。所以，店铺在做促销活动的时候，一定要注意，促销不只是搞氛围，氛围是为促销的主题服务的，是为了达到一定的促销目的而运用的手段或技巧。

3. 除了“降价”没别的招

我们都知道，店铺搞促销就是为了让利于顾客，以实现营业额的提升。这里说的让利并不是要你把商品的价格降下来，而是一种通过其他的途径让顾客得到实惠但又与商品本身的价格无关的活动。但是，在很多店铺做促销的时候，“降价”成了绝招，打折成了最常用的手段。

我们都有过这样的经历，本来想购买某一样商品的，第一次去，店铺打 8 折，第二次去就变成了打 7 折，第三次去又变成了打 5 折。最后发现，打 5 折的时候我们还是不会下定决心购买。这是什么原因？从顾客心理学的角度分析，商品一味降价让顾客摸不清楚商品的价值到底是多少，也就是说商品的价值不能在价格上体现出来，这个时候，顾客会持观望态度或者拒绝购买。就如股票一样，当股票下跌的时候，持股的股民会因为害怕股票再次下跌而抛售手中的股票，想要购买的股民却因为害怕再次下跌而持观望态度。

我对一次和朋友一起去购车的体会非常深刻。第一次我们去4S店的时候，朋友相中的那款车型优惠1万元现金，第二次去的时候优惠2万元现金，第三次去的时候优惠3万元现金。最后，我的那个朋友就放弃了购买那款车型，决定购买另一款价格一直没有多大变动的车型。朋友最终购买的车型也有一定的优惠，但不是直接降价，而是通过赠送保养、行车记录仪、维修打折卡等一些别的东西来实现促销目的。

我就问朋友，原先的车型优惠力度那么大，直接降价多划算啊，为什么又换成购买没有多少降价的这一款车型。

朋友告诉我，原先的那款车型降价说明它的价值没有那么高了，而且它一降再降就说明有可能还会降价。如果刚买到手又降价了，不是亏了吗？而最终购买的这款车型价格一直没有大的变动，虽然有一些其他的优惠，但是说明它的价值是稳定的，就是买回去，短时间内也不会有大的浮动，最起码不会感觉到亏了。

从上述这个案例来看，“降价”会使原先商品的价值大打折扣的，进而会影响到顾客的购买心理。虽然说占便宜的心理大家都有，但是由于人们消费越来越理性，是否占这个便宜，这个便宜到底是不是真的便宜成为人们产生购买欲的前提。也就是说，即使你的商品折扣非常大，但是如果顾客认为你的商品价值不能体现出来，也是会拒绝购买的。所以，“降价”也要讲究策略，要让顾客感觉到物超所值，机不可失时不再来，才是促销的真正意义所在。

而从店铺的角度来说，降价会形成商户之间的恶意竞争，同时也会导致商品的盈利能力差，进而就会导致店铺的入不敷出或者干脆关门大吉。

我有一个学员，他以前是开电器城的，门店没开两年就关门大吉了。现在，他想重新开一家门店，但是上一个门店是因为一味降价促销最后导致不盈利才关门的，所以他就准备先来跟我好好学习，再开店。在我们聊到上一个门店是如何进行降价促销、如何关门的时候，他跟我是这么说的。

他说，开始的时候他的门店盈利还是可以的，客流量也非常大。但是，门店没开几个月，对面就开了一家新的电器城，所以他的客流量就慢慢减少了。通过了解，是因为对面门店的电器比自己家的价格低才导致了自己门店客流量减少。他为了留住老客户、吸引新客户，就学着对面门店那样把价格降了下来，甚至比对面门店的价格更低。这样，他的客户慢慢就又回来了。但是，好景不长，对面门店看到他把商品的价格降下来了，人家也把价格降下来，价格比他的还要低。然后，他迫于竞争压力，再次进行降价销售。就这样，两家门店形成了恶性循环，最终都不盈利，他由于资金缺乏，没能挺住就关门大吉了。

他还说，由于他们两家门店的恶性竞争，导致商品价格一降再降，虽然自己的门店关门了，对面的那家门店由于价格没能提上来紧接着也关门了。

降价对于店铺来说，是最简单也是最直接的促销方式。但是，直接降价不仅是对商品价值的损害，还是对商家利益最大的损害。降价短时间内有可能带来销售额的提升，但是利润却降下去了。如果竞争对手再参与进来，那么后果可想而知。市场上很多的店铺关门、品牌消失大部分都是因为降价使得同行业竞争变得恶性而导致的。当然，策略性的降价另当别论。

综合以上两个案例，我们可以看出，直接降价并且持续价格战不是促销活动的最好选择，它会给店铺的长期经营带来负面的影响。所以，降价也要讲究方式方法，讲究策略，讲究技术，既要让顾客得到实惠，也要保持商品本身价值不能流失。

4. 赠品当然要便宜

赠品是指商家对顾客购买产品所赠送的附加价值。这里就有两个限制条件，一个是免费赠送的，另一个就是附加条件送赠品。不管以什么方式送赠品，赠品的设计要能满足顾客的需求，给顾客带去附加的价值。

但是，有很多商家却只看到了免费赠送这一条。在这些商家的认识中，赠品就是免费送给客户一些东西，让客户感觉到占了便宜就行，至于什么样的赠品无关紧要，最好是越便宜的赠品越好。这种想法就是没有考虑清楚赠品的目的是什么，没有弄清楚赠品在促销活动中真正的意义所在。到最后，有可能你把赠品送出去了，但是没有得到顾客的好评；或者你的赠品根本没有引起顾客的购买欲望，有可能给顾客留下不好的印象，导致促销失败。

所以，在我们进行赠品设计的时候，不要以为“赠”就是白送，随便忽悠忽悠就行。当你的赠品价值非常低的时候，就会影响你的商品的信誉，最终影响的还是你店铺的信誉。请大家注意，价值不等于价格。

我就有这样一个亲身的体验。有一次，我和一个朋友去某服装店买衣服，看到门口的海报上写着“满 1680 元即送平板电脑一个”，由于这个海报的吸引力不错，当时我朋友也想给孩子买一个平板电脑，加上本身也要购买衣服，于是就进去了，在导购的推荐下，我朋友选购了 1800 多元衣服，当然也送了一个平板电脑；朋友买单后非常高兴地回去了。后来朋友给我打电话说，被老婆责骂了一顿。为什么呢？原来他老婆说平板电脑质量太差，根本不是什么品牌，质量差，还容易伤害小孩的眼睛，结果朋友就非常郁闷啦，最后这个平板电脑只能搁在一边。可每次看到的时候，朋友心里就不舒服，最后还是扔掉比较好，眼不见为净。当然朋友对这家门店也意见很大，他发誓说，今后再也不去这家店买衣服了。

一个优质顾客就这样莫名其妙地流失了，也许这家门店的老板根本没有做会员的管理和分析，没有从消费近度、消费宽度、消费频率、消费强度去做 VIP 的四度分析，当然更谈不上对顾客的深度研究，最后门店老板只知道现在生意难做，顾客进店人数减少，但永远不知道顾客流失的真正原因所在。

通过上述案例的赠品，我们可以清晰了解到这个商家只考虑到了眼前的利益，没有考虑赠品的质量，忽略了赠品的价值以及给顾客带来的附加价值。当赠品没有发挥功能作用的时候，赠品在促销活动中就失去了意义，同时还容易给顾客留下非常不负责任的印象，让顾客永久流失。

为此，赠品的选用必须满足实用性以及具有品质保证，在此基础上，加上营销的推广技术，那么就事半功倍。再看这个案例， 某酒吧的主人，在门口放了一个巨型的酒桶，外面写着四个醒目大字——“不准偷看”。过往的人感到十分好奇，偏偏要看个究竟。当一接近酒桶，便闻到一股芳香清醇的酒味，还可以看到桶底酒中隐现出“本店美酒与众不同，请君品味享用”的广告字样。人们纷纷进酒吧品尝，生意异常兴隆。

所以，商家在进行赠品促销设计的时候，一定要认清赠品的作用以及设计规则。

（1）赠品的作用

赠品首要是要具有诱买功能，吸引顾客的注意力，增加顾客的好感，从而刺激顾客的购买欲望。赠品对于顾客来说，是购买商品时意外得到的惊喜。赠品要传递一个信号，就是让顾客觉得不仅得到了自己需要的商品，还得到了意外的附赠价值。

其次是赠品的传播功能。大多数的商家赠送礼品的作用有三个：

一是提升进店人数。

二是提高成交率。

三是提高连带率，从而提高客单价和销售额。

最后是赠品要有保持竞争力的功能。我们都知道，赠品还有一个作用就是赢得顾客购买的忠诚度，鼓励顾客重复购买。同时，赠品还可以和竞争对手的商品形成差异化，增加商品附加价值的同时还可以有效提高自己的竞争力。

（2）赠品的设计规则

赠品不是随随便便送给顾客一件东西，这样不如不送。所以，在设计赠品的时候一定要注意以下原则。

原则一：容易获得。意思是说，要告诉顾客买商品就能得到赠品。它不能像奖品一样设置，要明明白白告诉顾客，这个礼品是你能得到的。

原则二：要实用。对于顾客来说，是自己需要的、对自己有价值的东西他们才会购买，如果对自己没有价值，送给他们只会成为他们的负担。所以在赠品设计的时候，商家一定要注意赠品的实用性。比如说，顾客买空调，赠品是风扇，试问一下，都装空调了，电风扇对顾客还有使用价值吗？再比如，某童装店的赠品为天线宝宝、灰太狼的小玩具，消费满多少送玩具，结果很多小朋友都被小玩具吸引进店，最后妈妈为了玩具都在这家店买单。

原则三：要与商品有相关性。对于商家来说，赠品和商品相关性越高，自己的品牌知名度越高。对于顾客来说，购买商品可以得到与商品相关的赠品，可以帮助他们省去一些附加的开支。比如，买咖啡送咖啡杯，顾客就可以省去再购买咖啡杯的开支；买鞋子送袜子或鞋垫，这样赠品的价值也可以更好地体现出来。

所以，商家在设计赠品的时候一定不能越便宜越好，赠品的设计不仅要和商品有关，还得注重它的实用性以及宣传功能。当然，赠品也不能价值太高，不然容易喧宾夺主，商品本来的价值就体现不出来了，容易本末倒置。

5. 贴海报发信息就是推广

老王是一个循规蹈矩的商人，他的经营理念是好货不愁卖。在很早以前他就开了一家鞋服店，生意一直不错。近年来，随着周边门店越开越多，他的生意严重下滑，甚至出现了亏损的现象。

有一天经过一个跟他店铺规模差不多的店门口，他看到这家门店生意非常火爆。他就想从这家门店取经，看看人家是怎么经营的。经过一段时间的观察，他终于找到了这家门店生意火爆的原因所在，就是经常搞促销活动。

由于没有做促销活动的经验，他就假装一个顾客在门店购物。他发现，这家门店在做促销活动的时候，门前会贴上一张大大的海报，海报上面写满了林林总总的商品打折信息。

回去以后，他也学着这家门店的样子，在门口贴了一张大大的海报，海报上面也写满了林林总总的商品打折信息。就这样，他也做起了促销活动。

但是，三天的促销活动结束以后，老王发现，客户数量并没有增加，来购物的还是一些老客户，销量增长也不太明显，现金流水和平时并没有多大差别。

老王就陷入了经营的困境，海报也贴出去了，折扣也打了，为什么还是业绩平平呢？

像上面的情况，很多店铺都曾遇到过。这些店铺认为，促销就是打折，打折海报贴出去了，也给老客户发打折信息了，这样就完事了。这就是典型的把贴个海报、发个信息就当成是活动推广的例子。显然，这样的推广在当今人们对各种信息应接不暇的时代中已经成为过去时。

其实，推广并不是一个简单的事。如何把促销信息传递出去，利用哪些信息传递工具？如何保证目标客户收到促销信息？如何让目标客户主动了解促销信息？如何让促销信息转换成目标客的购买欲？……这些都是推广时需要考虑的事情。

小李是一个爱学习的商人，对新知识的接受能力也比较强。他在一个小区集中的地方开了一家鞋服门店。

在鞋服门店经营的初期，他就经常做一些促销活动。从一些小的新品特卖到大型店庆促销他都尝试了一遍。开始的时候，他的促销活动也就是把传统的贴张海报、发个信息作为活动的推广方式。

由于这样的推广方式不能取得他想要的效果，后来，小李就开始找一些资料学习如何推广，甚至一有机会就到促销活动举办比较成功的商家那里交流学习。

在十年店庆的时候，小李为活动推广做了充足的准备。首先，他同样采用了传统的推广方式，包括海报、传单、短信、电话邀约等。其次，他在微信、QQ 等社交工具上也进行了软文和硬广的推广。其中，最主要的是他还制订了详细的推广方案，第一步怎么做，第二步怎么做……

最后，他的十年店庆的人气基本上赶上了大型商场的促销活动场面，销售额也是去年同期的 3 倍多。在总结推广经验的时候，小李是这样说的：首先，他在促销信息的可读性上面下足了功夫，根据当下社会出现的热点问题采用了事件营销。他把自己的十年店庆和中秋节联系在一起，收集了一些月饼方面的知识供人们学习，同时找到了一些跟中秋有关的趣味故事作为促销活动的载体。其次，要让目标客户先拿到优惠券，保证他们不仅能够看到还能够参加现场活动。他和地方比较热门的生活平台进行合作，前期做一些网络抽奖活动，发一些抵用券给目标客户。最后，他把能利用上的资源都利用上，从身边的亲朋好友到各个产品的供应商都调动起来帮助他做宣传。

他说，一场促销活动的推广就像是打了一场大型战役。你得知道“敌人”在哪里，“敌人”有没有发现我，如何吸引“敌人”的注意力，用哪些人去吸引“敌人”的注意力，如何把“敌人”引诱到我的地盘……

所以，商家要把推广看成打仗的前期侦察和诱敌深入一样对待。打仗需要周密的计划和布局，推广也一样。我们都知道，打仗如果前期侦察的结果是错误的，战役发展的方向也就不会按前期计划的那样，更不会得到想要的胜利。比如，前期侦察回来报告敌人有 5000 人，配有重型武器。司令部就会根据敌人数量的多少和敌人战斗力的强弱进行布局，敌人数量多又配备重型武器，说明敌人的战斗力比较强，若想诱敌深入，就需要派出相当规模的诱饵才能使得敌人上当，你要是随随便便派一个班过去，敌人肯定不当回事，要么直接消灭要么直接忽视。

推广也是一样，付出多少就有多少收获。你准备了 1000 位顾客的促销商品，结果把推广范围定在了 500 人，即使这 500 人全部到场，剩下的 500 份促销商品怎么办？每位目标客户的消费能力大概在 1000 元，你却在推广的时候许诺每人 20 元的优惠额度，目标客户还会过来吗？如果每位目标客户的消费能力是 100 元，你在推广的时候却许诺每人 50 元的优惠额度，目标客户会相信吗？如果你是一家卖家具的店铺，在刚成熟的小区进行推广宣传，那些已经入住的居民会因为你的促销而扔掉刚买的家具成为你的目标客户吗？你的商品以外观作为主要竞争点，你却用传统的短信方式告诉消费者你的商品多么多么美观，目标客户会为了验证实物和你文字表达得是否相符而专门跑到你的活动现场吗？

6. 简单的促销，不需要全盘策划

一个成功的促销，无论活动的大小，都不只是一两个商业点子那么简单，它是多个环节相互配合才能成功的。也就是说，任何一场促销活动都需要精心的策划才能达到促销的预期效果，反之促销就没有任何意义。

有的商家进行促销就是简简单单打个折扣、送个礼品，制作几个折扣贴、准备几份小礼品就开始了促销活动。但是，这样的促销往往不会达到预期效果。有的商家会说，他做个促销就是看别人家也做了，自己不能落后。但是，你想过没有，失败的促销不仅仅是没有达到促销的预期效果，还有可能带来负面和灾难性的影响。

从大街小巷的店铺贴满打折、赠送的促销标牌可以看出，现在无论是新店铺还是老店铺，无论是新产品还是老产品，每家店铺都在搞促销，促销已经成了店铺经营的日常行为。也就是说，他们认为促销是一件简单的事，不需要策划、布置等烦琐的程序，想做就做，想怎么做就怎么做。

但是，我们也可以从他们的销量情况看出，他们搞不搞“促销”几乎没有任何区别，搞“促销”也没有给销售带来什么实质性的改变。也就是说，人们已经习惯于他们的“促销”了，如果哪天不搞“促销”了，顾客才会感觉到惊讶。

笔者看到过这样一份调查报告。报告讲的是一家店铺对顾客进行市场调查，主要设计的是顾客对店铺促销活动的反馈。调查结果是这样的：顾客对满大街的促销已经近乎麻木，都不知道店铺是不是真的在搞促销，好像打折、赠品是商品本身就附带的东西。还有的顾客认为，店铺根本就不是在搞促销，它们把商品的价格提上来，然后再以折扣的方式进行销售，其实到最后都是一样的，羊毛出在羊身上。也有的顾客认为，店铺搞促销其实就是绑架销售商品，把不好卖的商品捆绑到好卖的商品上面，你不买都不可能。

上述这份调查报告说明，现在店铺的促销已经同质化、简单化，店家所认为的“促销”已经失去了促销本身的意义。究其原因，这些店铺的促销给顾客带来的影响，主要是因为店铺在进行促销时随心所欲，认为简单的促销没有必要进行全盘策划，别人怎么做自己跟着做就行了。但是，这一份调查报告也充分说明，简单而没有经过全盘策划的促销不仅没有获取促销的预期效果，同时还给店铺带来了一些负面的影响。

有一家鞋服店就是简单促销，从来不进行全盘策划的代表。这家鞋服店的门口长年挂着打折的牌子，不论是不是节假日，它都有促销活动在进行。前一段时间，这家店铺的老板找到笔者咨询，说为什么他做促销而没有实际的销售提升，而且业绩一直在下滑。

笔者让他把促销方案拿来，让笔者帮他分析一下原因所在。他说没有促销方案，就是上新品或者处理库存的时候做一些简单的打折、赠送的促销活动。

笔者就问他为什么没有做促销方案就进行促销活动？促销的目的是什么？他说，促销的目的就是让顾客多买产品，提升销售额，看人家打折自己就打折，人家赠送礼品自己也就买点礼品赠送。

笔者告诉他，原因就出在这里。他却反问别人都是这样做的，怎么到他那里就出问题了呢。为了更加直接地告诉他原因是什么，笔者就帮助他重新策划了一套促销方案，让他拿回去照着做，看看效果如何。

过不多久，他又来找笔者了，说这次的促销活动搞得非常好，人流量非常大，销售业绩也提上去了。笔者就告诉他，事实摆在那里，没有促销策划和有促销策划的结果是明显的，这还需要别的证明吗？他非常认同地说，不用了，他知道问题出在哪里了。这次促销活动非常成功的原因是，所有的活动都是为了促销目标的实现而制订的。同时还做好了活动过程中可能出现的问题情况以及如何处理问题的预案。在实施的过程中，虽然看着跟以前的活动没有多大差别，但是细节方面做得比较到位，而且节奏掌握得比较好，各方面的配合都很到位，所以才有了最后的成功。

事后，笔者让该老板再看海报时，从表面上看与平时的活动内容差不多，但是他亲身经历过了，海报以外，他做了很多的准备工作，而这些工作恰恰是竞争对手是看不到的，自然效果也就不一样。笔者经常在培训时讲这样一句话："同样的一个方案用在不同的门店、不同的人去应用，其结果和效果绝对不一样。"

所以，无论促销活动的大小，都需要各方面的配合以及提前做好计划和策划。正如人们常说的，"谋而后动"才是成功的基础，即使不能完全成功，提前做好全盘促销方案，最起码能在促销的活动中找出到底哪个环节出现了错误，为以后的促销活动积累宝贵的经验。

7. 促销好坏，看销售额就知道了

店铺促销的目的是提高销售额和利润、降低库存、提升品牌知名度、打击竞争对手、提升竞争力，同时获得更多的利益。所以单独用销售额来评估促销的好坏就片面了。在后面为大家介绍促销的评估方法，大家可以参照去应用。

有些商家就问了，销售额增长了难道促销不算是成功的吗？若是单独从销售额的指标来评估，答案是肯定的。一场促销活动的成功与否要看这场活动有没有达到促销方案的预期目标，达成了预期目标那么就是成功的，如果没有达到预期目标，即使销售额再高也不能算是成功的促销活动。比如，一家店铺做了一场促销活动，销售额非常大，但是都是低于成本价卖的，不仅没挣到钱反而贴了很多钱进去。这样，销售额越大，商家折的钱就越多。所以，这就看你的这场促销活动的目的是以提升销售额和利润为主，还是以处理库存为主，目的不同，评估的方式也会不同。

我有一个学员，跟我讲述了他曾经的一场销售额非常大的促销活动。他那次做促销的目的是推广新产品。为了吸引更多的顾客参与，他决定拿出几款老产品以低于成本的价格回馈顾客，拉动人气。

当时活动气氛非常热烈，人气也非常高，店铺的商品都出现了脱销的现象。活动结束以后，销售额是预期的 3 倍。但是，最后进行盘点才发现，新产品销售占比才 16%，而拿出来做特价的商品却被销售一空。

他跟我说，那一次活动就让他亏了 3 万元左右，最苦恼的是新产品销售占比才 16%。

上述这个案例虽然销售额非常大，是预期的 3 倍，但是它不仅不是一次成功的促销活动，甚至可以说是一次非常失败的促销活动。首先，这次促销活动新品销售占比才 16%，没能达到促销前期所定的推广新产品的目的。其次，这次促销活动不仅没有达到促销目的，还没有任何盈利，反而亏了不少钱。

我的另外一位学员说，他的一次促销活动也是销售额超过预期，但同样是一次失败的促销活动。有一天，我们聊到关于什么样的促销活动才是成功的，他跟我讲述了他的那次促销活动。

那次促销活动是赶上店铺商品即将迎来旺季而进行的一次以提高销售额和市场占有率为目的的促销活动。当时，销售场面非常热烈，人气也非常高。最后盘点的时候，一些打折的商品也出现了脱销现象。但是，相较于上述案例出现亏损，他的那次促销活动还多多少少挣到了一些钱。这也是他比较安慰的地方。

可是，在那次促销活动结束以后，他的店铺却出现了一个非常大的问题，那次做促销打折的几个商品一连几个月都出现了零销量的现象。最后通过调查才知道，导致出现零销量的原因是那几款商品促销结束以后价格提了上来，但是竞争商铺却把他做活动的商品价格压得更低，最近两个月都没有重新调价。

最后，那场促销活动导致了他的店铺旺季的销售量每况愈下。

所以，一场促销活动的销售额越多，并不能代表这场促销活动越成功。当然，也不能说一场促销活动销售额越少越好。促销成功与否要从活动的目的来说，如果就是为了短期的刺激、增加销售额，不考虑其他的东西，那么肯定是销售额越多越好；如果是为了长期的销量增长，肯定要从长远利益出发，当时的销售额就不能代表这场促销成功了。笔者认为，衡量一个促销活动好坏的标准除了销售额，还有以下几个指标。

（1）计划完成指标。计划完成指标是指一次促销活动完成前期计划的比率。也就是说，这次促销活动有没有达到预期的销售目标以及促销各个环节的实施情况。计划指标一般包括，销售额、进店人数、客单价、成交率、毛利额、VIP 新增数、VIP 占比、市场占有率等。这是衡量促销效果的最重要依据。

（2）市场反馈指标。市场反馈指标是指促销活动的过程和结束后，市场对本次促销活动的评价以及对后续销售的影响。也就是说，促销活动结束后顾客有没有二次购买行为，这也是衡量促销活动长期目标是否实现的重要依据。如果一次促销活动仅仅是带动当期的销量，那么，这次促销的意义也仅仅是一次性的。不仅能完成当期目标，还可以获得顾客忠诚度、促使顾客二次购买行为的促销活动才算是成功的。

所以说，对一次促销活动的成败需要根据不同的促销目的来综合评价，不同的促销目的，各项指标的权重也不同。比如，如果是为了扩大市场份额，那么销售额越高促销活动就越成功；如果是为了增加店铺的盈利，那么毛利率越高促销活动越成功；如果是为了扩大店铺的知名度和影响力，那么市场占有率越高促销活动就越成功。

为此，友情提示您："不要因他人做促销而自己被逼做促销，要清楚自己促销的目的是什么，促销如何吸引消费者的眼球、引发消费者的兴趣。"同时，友情提示您："差异化的促销来自生活，灵感来自生活！"

中国有句老话："一铺旺三代。"就是说有黄金地段的门市房、店铺，每年靠着租金就可以过上好日子。但最近出现了一种现象，承租者即商户纷纷退租，为什么呢？因为实体店老板受到电子商务也就是网店的冲击。

实体店生意越来越难做，几乎到了没法干的地步，现在电商发展大家有目共睹，2015 年光淘宝一家，"双十一"销售额交易额就达 912 亿元，营业额接近 2014 年的两倍，2016 年交易额 1207 亿元，2017 年 1682 亿元，发展非常迅猛。因为互联网集聚了大量的网民，自发传播各种打折促销信息，各地电视台、广播电台也非常乐于推波助澜，广大老百姓都想买到低价实惠的产品，这一切造就了电商的销售神话。网店的兴起使快递这个行业突然就火了起来，但是几家欢乐几家愁，网店火了，遭殃的是实体店，网店能刺激消费，因为它方便，电脑面前一坐就可以自由搭配，款式又多，但是话说回来。就像一件衣服，原来有5个人愿意买，现在有了网店，购物方便了，可能会有六七个人愿意买，但不太可能说是原来5个人想买，一开网店会有10个人愿意买，5个去实体店，5个来网店，也就是说，网店所掠夺走的客源，有相当大一部分是原来实体店的顾客。自2014年电商大战进入白热化，淘宝、天猫、京东、腾讯、苏宁易购、国美等众多电子商务平台，这些平台每多卖一件货，意味着实体经营店铺就少卖一件货，而更严重的，是损失一个逛街购物的用户。实体店在网店的冲击下越来越难做。

但是不是说所有人都去网店了，就不理实体店了，不是这样的，还有一些人偏偏跑到实体店去，去干吗了？不是去买东西，而是去体验。相信大家也碰到过不少类似的情况。比如，一个人来你店里看衣服，看完衣服要试，试完这件试那件，把导购员忙得不亦乐乎，跑前跑后的，结果最后人家颜色、款式都选得差不多了，拿出手机“啪”一拍条形码，回家去网店上买去了。网店上的要比实体店里的便宜多了，因为成本低啊，同样的一件商品，在实体店里又是人工又是租金等各方面费用，成本根本降不下来，在价格战面前，实体店不占任何优势。所以很多实体店老板生气就生气在这里，你来我店里试这个试那个，把我忙得晕头转向，结果试完之后你在网店上买去了，搁谁谁不生气？“在商场看完之后再去网店上买，心里更踏实了。”这就是现在消费者的心理。实体店已经成了众多消费者的“试衣间”。

不仅服装，现在很多行业都是这样，像家居、汽车、手机、电脑、鞋店、书店，最明显的是日用百货。2011 年 10 月，经营了 10 年的太平洋百货北京盈科店正式倒闭；2012 年 6 月，上海淮海路非常有名的第一百货正式倒闭；同年 9 月，上海淮海中路茂名路永新百货也倒闭了；2016 年 1 月 27 日，中商情报网公布了一张 2015 年全球实体店阵亡名单，2016 年 8 月 17 日，搜狐财经频道又公布了 2016 年截至当时的实体店阵亡名单，这些都不是凭空捏造的，而是实际可见的。倒闭原因都是开支太大，成本降不下来，无法抵挡网店的冲击。

另外，电子商务的发展让部分生产厂家直接把手伸向了消费者，早已经有一大批生产企业自建了电商销售平台。另外还有一些生产厂家，以传统的老牌商品支持线下实体店，同时这些生产厂家又去把生产的产品重新包装，创立新的品牌再走电商之路。换句话说，他们不是不走电商之路，之所以继续支持线下实体店，是因为他们的新品牌还没有创立，电商之路还没有走通，如果有一天生产厂家完全把电商之路走通之后，我们实体店是否还有好的货源？举个例子，现在最明显的是化妆品，几乎成了微商的代名词，实体店生意还会好吗？不可否认的是，传统商店在经历了十年的快速发展期后进入了瓶颈期，它的市场空间被电商一而再再而三挤占，网购对消费者消费习惯的改变以及店铺自身带来的压力使实体店面临严峻的考验。

现在小店铺的租金实在太高了，房东已经精打细算，根据你的客流量，你的营业额，一天能有多少人来你的店，你一天大概能挣多少钱，算出租金，你正常营业的话最后根本挣不到钱，全给房东交租金了。实体店老板没有任何办法，现在房地产价格飞升，不是任何一个行业所能左右的。

说了这么多，是不是实体店真的就活不下去了呢？不是的，任何一个东西，既然能存在那么多年，就一定有它的合理性。那么什么样的实体店会被淘汰呢？不需要体验的实体店会被淘汰。几年前，王健林和马云打赌，说几年后如果电商能侵蚀掉一半的市场，王健林输一个亿，否则马云输一个亿。那时候王健林相信实体店，对实体店有信心，可是后来万达地产在干什么呢？它和腾讯、百度合作创建了一个电子商务公司，王健林也知道电子商务这一块儿不可忽视。包括卖房子，很多人想不通卖房子和电商有什么联系呢？楼房总不能在网上交易吧，可是万达地产跟淘宝合作了，就说你一年在淘宝上消费多少多少钱，我这房子给你打多少多少折，几乎所有的行业都会和互联网搭上关系。所以任何一个经营实体店的人，如果两耳不闻窗外事，只考虑自己的小店面，每天打着自己的小算盘，不考虑互联网的大环境，你的生意也不会做好，既然无法摆脱互联网的影响，你为什么不去主动拥抱它呢？

我们的终端商目前存在着很多困惑：竞争品牌多、压力大、消费者挑剔、要求越来越高；成本越来越高，人员越来越难招、库存越来越大，资金越来越紧；销售逐渐下滑，市场逐渐低迷、大品牌降价促销，生意将全军覆没；再开店没信心、资金投入多（一个店要25万元到30万元），不知何时回本；专营店过渡到专卖店、组货多、运营模式低，仍处于杂货店管理模式；促销同质化、产品同质化、销售技巧难以提升，仍处于自然销售状态等。

其实，笔者个人认为，当下，门店促销同质化严重，促销的效果不尽如人意，究其原因，主要有以下几个方面：

进店人数不足。

成交率提升不明显。

客单价较低。

无促销活动时，销售额偏低。

整体销量不高。

有销量但利润降低。

我们首先来思考以下两个问题：第一，促销是促销新品还是促销旧品呢？第二，促销时间处理货品吗？

促销实际上是一把双刃剑，它既能够给门店带来较高的利润，也有可能给门店带来很多“无奈”。促销遇到了很多瓶颈、问题，促销过程中主要会遇到以下几种情况：

被逼而做：节日到了，不能不做、别人在做等原因，倒逼自己做促销。

随心而做：节日到了，贴贴海报。

疲惫而做：促销每年都做，都是同样的内容。

主观而做：促销就是打折，买减送折了再折。

无奈而做：现在库存多了，赶快做促销。

无为而做：促销方案提前做了，宣传却不到位。

无估而做：促销做完了，感觉亏了。

带着这些问题，我们一起来进行门店促销活动的大揭秘。首先，我们看一组有关淘宝天猫在“双十一”当天的销售相关数据：

年份	销售额（元）	品牌/店铺数	备注
2009 年	5000 万	27 个品牌	杰克·琼斯日销售 500 万元
2010 年	9.36 亿	711 家	181 家超 100 万元，博洋家纺和杰克·琼斯，销售额均超过 2000 万元
2011 年	52 亿	2200 家	天猫 33.6 亿元
2012 年	191 亿	超 1 万家	天猫 132 亿元，淘宝 59 亿元，杰克·琼斯、骆驼服饰和全友家居过亿
2013 年	350.18 亿	超 2 万家	小米过亿元，海尔第二
2014 年	571.12 亿	2.7 万家	无线成交 243 亿元，小米、华为、海尔、优衣库、林氏木业、韩都衣舍等 10 个品牌销售额过亿元，199 个国家和地区的用户参与了天猫“双十一”血拼
2015 年	912 亿	4 万商家，3 万品牌	20 多个国家和地区
2016 年	1027 亿	94 个品牌加入“双十一”亿元俱乐部。4 万多个品牌	600 万种货品参与销售，其中包括来自美国、欧洲、日本、韩国等 25 个国家和地区的 5000 多个海外大牌，其中无线成交占比 82%
2017 年	1682 亿	全球 14 万品牌	150 万种货品，无线成交占 90%，支付达 14.8 亿元笔（销售额增长 3364 倍，品牌参与数增长 4827 倍）

大家可以发现，从 2009 年到 2017 年，淘宝天猫平台“双十一”当天销售额增长了 3364 倍，而商家增长了 1481 倍，品牌数增加了 5185 倍；

通过数据，我们是否发现“双十一”成功背后的原因呢？通过数据，我们可以总结出：“双十一”参与的品牌数越来越多，销售额自然就会倍增。这就是我们的商家联盟。所以，要想成功，最重要的有以下几个因素：

1. 邀约商家联盟，是提升业绩的因素之一。

2. 提前宣传、造势，师出有名，平台营造了一个“双十一”。

3. 提前做好产品规划，很早之前，平台就告诉了消费者哪个品牌降价促销等。

4. 提前做好折扣宣传，活动当天平台会告诉消费者原价多少，折扣价是多少。

5. 通过“购物车”提前计算意向购物数量。其实，我们实体门店也可以做预售的，这就是门店所谓的“购物车”。

6. 提前标注购买数、库存数，这其实就是饥饿营销。

基于以上6点，我们通过“双十一”，看自己的门店营销，能有什么启发呢？一切的根源，其实就是邀约商家，强化联盟。而要想做好商家联盟，最重要的原则就是：品牌对等，思想统一，合作共赢。

首先，品牌要对等，不要一个高端品牌，对一个低端品牌，这个很难做。要想看品牌是否对等，看客户群体就可以了。

其次，老板的思想是不是统一的。往往商家联盟做不成功的主要原因就是每个老板都想从对方那边获得资源，而不是先考虑我如何为对方提供资源，这就是利他和利己的思维方式。当思维方式不统一时，方法和方案自然无法统一，最后结果也就无法统一。

最后，合作共赢。我们的合作方式怎么做到统一呢？第一，我们可以卡卡互通合作；第二，现金抵用合作；第三，可以做大卖场联合促销；第四，赠品互通（内部核算、二次到店赠送）；第五，内部底价采购。

给大家分享一个案例。

这是一个100平方米的快时尚女装店，在开业这一天，业绩达到了18.6万元，连带率为2.5左右，客单价在360.5元（夏季服装为主），件单价在144元左右，也就意味着当天的成交人数是516人。当时，我给该店促销的方案核心内容是这些。

第一，满388元，可以抽金项链、香奈儿包（为什么设置在388元呢？主要从连带率的指标进行设计的，这就是促销“24569法则”中的6大指标之一）。

第二，单品秒杀，原价288元，抢购秒杀价28.8元。

第三，现场充值1000元，送888元（这融入了商业模式的策划方法）。

第四，爆款礼盒装预售。

这个方案之所以成功，除了一些促销技术与赠品引流手段外，其中一项最重要的是做了一个商家联盟。这个联盟如何做的呢？我们的方案就是：凡是在联盟商家购物满多少钱，就赠送一张抽奖券，告诉消费者可以抽到金项链、香奈儿包等。我们的宗旨就是：先让联盟商家盈利，自己就自然盈利了。

5W2H 法

在管理学上面，大家都知道 5W2H 是什么，但是，我们把这个概念引入促销，其实万变不离其宗。所谓“5W”就是：

1. Why——促销与宣传的目的。前面我们讲过，促销的目的是库存的处理、新品的上市、回馈老客户、提升销售额、打击竞争对手。

2. Who——促销的对象。你是做 VIP 的专场活动，还是以吸引流动客户为主？

3. What——促销的内容。你的内容是打折还是赠品还是活动或是综合促销呢？

4. When——促销的时间选择。不同的促销方式促销的时间、周期选择也是不同的。

5. Where——促销的地点选择。促销的地点是选在本店，还是店外，还是联盟一起做？如果涉及户外，你有没有跟城管部门进行沟通呢？

“2H”就是：

1. How——促销的宣传方式，即如何传播，传播的媒体和途径。你用什么样的方式来将促销内容宣传出去？是电子广告，还是平面广告？

2. How much——促销的费用预算与评估。每一场促销活动，要依据促销目标，以及所花的费用来进行预算，对这场活动的效果进行评估。

下面，我们用一张表格来对“5W2H”进行说明。

序号	5W2H 名称	促销策略 5W2H 内容	备注
1	Why	促销与宣传的目的	库存处理、新品上市、回馈老客户、资金回笼、打击竞争对手
2	Who	促销的对象	VIP 专场、流动顾客、异业联盟顾客等
3	What	促销的内容	折扣、赠品、折扣+活动、综合型
4	When	促销的时间	时间的选择、周期的长短等
5	Where	促销的地点	地点的选择、与城管部门的沟通等
6	How	促销的宣传方式	电子广告类、邀约类等
7	How much	促销的费用预算与评估	促销目标与费用预算、促销活动评估等

下面，给大家列举几个案例，便于大家理解。

案例 1：

门店的促销与宣传目的是处理库存，目标群体是年轻人，以老客户带动新客户。促销内容为：

1. 凭以往的购物小票，可免费领取马克杯制作券一张，数量有限，先到先得。这样会有人没有留以往的小票，没关系，我们可以让老顾客现场先买一样货品，然后就可以用小票换购了，这样可以实现你的销售业绩。

2. 微信关注公众号并分享到朋友圈，集齐 33 个赞就送马克杯制作券一张，这样对于不想现场购物的老顾客来说，又多了一种领取马克杯的方式。

3. 推荐 10 个朋友，参加转盘游戏，中奖可以免费获得制作券一张。

这里需要注意的是，马克杯的制作时间大约为 15 分钟，但是，你不可以在做完后马上给顾客，我们的目的是让顾客二次购买，这个时候，你可以告诉顾客：为了给您制作一个精美的杯子，时间要长一些，您可以先逛逛再回来，或者我们做好后给您打电话。这样，可以提高顾客的回购率以及营造店铺的氛围，增加人气。

案例 2：回馈新老顾客，购物博饼活动

博饼的具体方式和规则，大家可以百度搜索一下。在活动期间，满 188 元，博饼一次，以此类推，奖品为品牌手机一部。

我们也可以推出：惊爆价 1 元抢购限量版玩偶等活动，这些都是用来博得消费者眼球的。

那么，活动效果用什么指标衡量呢？

第一，进店人数；第二，销售额；第三，毛利额；第四，净利润。通常，我们要用前面三个指标来进行计算。

了解了“5W2H”之后，我们的促销方案还必须要有以下 12 个清晰的内容：

1. 促销的目的：促进销售、消化库存、宣传品牌、打击竞争对手。请你一定要分清促销的目的和目标之间的区别，目标应该是进店的人数、销售额、客单价、进单价、连带销售率、VIP 的增长数量等。

2. 促销的对象：目标群体是谁、正确选择产品与目标群体的匹配度、礼品赠品与促销对象是否匹配。

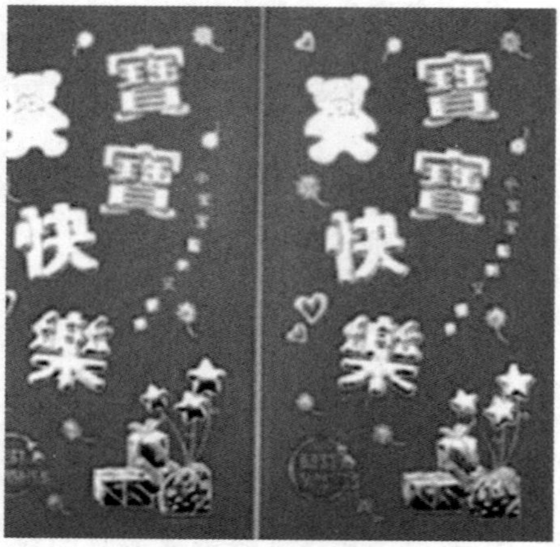

案例 3：

这是一张红包的图片，我们看到红包上面写着“宝宝快乐”，那么，我们可以在春节前后，放入一些抵用券，送给所有进店的顾客，这种喜气洋洋的方式，所有的消费者都会接受的。

3. 促销的主题：促销的主题要考虑到促销的目标、竞争的条件和环境、促销费用的预算，最关键的是促销主题一定要淡化商业目的。要使活动便民、亲民，这样更容易打动消费者。此外，促销的主题要新颖。我们一年四季有很多节日，都可以用来做促销的主题，请看以下这张表，我们看看每年有多少节日可以做促销。

<table>
<tr><th>季节</th><th>节日名称</th><th>节日月份</th><th>促销主题</th><th>备注</th></tr>
<tr><td rowspan="3">春季</td><td rowspan="3">正月初一（春节）
正月十五（元宵节）
2 月 14 日（情人节）
3 月 8 日（国际劳动妇女节）
3 月 15 日（消费者权益日）
4 月 5 日前后（清明节）</td><td>2 月</td><td>1. 快乐春节活动
2. 元宵节活动
3. 情人节活动
4. 欢乐寒假；快乐春节
5. 开学活动</td><td rowspan="3">春节长假</td></tr>
<tr><td>3 月</td><td>1. 春季服装新品秀
2. 春游活动大促销
3. 换季商品特价周
4. 三八妇女节、感恩节</td></tr>
<tr><td>4 月</td><td>“清明思恩活动”</td></tr>
</table>

（续表）

季节	节日名称	节日月份	促销主题	备注
夏季	5月1日（国际劳动节） 5月4日（中国青年节） 5月12日（国际护士节） 5月第二个星期日（母亲节） 6月1日（国际儿童节） 6月第三个星期日（父亲节） 五月初五（端午节）	5月	1. 五一活动 2. 夏装上市活动 3. 母亲节活动 4. 端午节促销活动	
		6月	1. 儿童节系列活动 2. 父亲节感恩亲子活动 3. 临考前轻装上阵促销活动 4. 夏季服装促销活动 5. 夏季服装节 6. 端午节促销活动	
		7月	1. 欢乐暑假趣赛 2. 暑假欢乐行促销活动	
秋季	8月1日（中国人民解放军建军节） 七月初七（七夕情人节） 9月10日（教师节） 10月1日（国庆节） 九月初九（重阳节）	8月	1. 夏末服饰清货降价 2. 升学用品赠品活动	十一长假：七天
		9月	1. 教师节感恩活动 2. 中秋节促销活动 3. 重阳节活动 4. 秋装上市 5. 夏装清货	
		10月	1. 开学学生用品联合热卖 2. 大闸蟹促销活动（消费送减退） 3. 金秋时节礼品促销 4. 国庆节促销 5. 重阳节促销活动 6. 暖冬行活动	

（续表）

季节	节日时间	节日月份	促销主题	备注
冬季	12月24—25日（圣诞节） 1月1日（元旦）	11月	1. 冬季服装促销活动 2. 冬季联合促销活动	元旦
		12月	1. 圣诞节促销 2. 岁末迎春活动	
		1月	1. 元旦迎新活动 2. 新春大优惠 3. 春节礼品展 4. 除旧迎新活动 5. 年终优惠活动 6. 春节旅游促销	

读者可以对应着节日时间逐一查看促销主题，看看自己是不是可以想到更多的节日促销主题。

建议大家，你的主题要在表单中的主题基础上进行优化和创新、尽量结合当下活动目的、目标设计主题，而主题要新颖，必须要有一定的诱导性和强制性，让消费者一看，就想进来看看或者联想到什么。例如，我们把五一的夏装上市活动主题修改为“五一来这里，免费旅游在等你”；设定好了这个主题，再匹配你店铺的活动内容。大家是否一看就明白，这个方案一定是到店购物可以获得免费旅游的机会呢？这就是主题带有诱导性。若是你想让消费者联想其他，那么你可以把主题进行更改，当然，你的活动内容也自然跟着变化了。

高手过招　见招拆招

高手过招，见招拆招，首先要引爆我们的思维，要把思维打开，先要思考一个问题：顾客凭什么要进你的店？有的人说，自己的产品很好，所以顾客进店。但是，产品好是引导顾客成交的因素，与进店无关。实际上，门店知名度高，才是引导顾客进店的成功关键之一。笔者为大家总结了顾客进店的 5 个重要原因，也是 5 个重要的诱惑力因素：

1. 品牌的知名度。

2. 店铺的形象。

3. 店口的氛围（如店铺门口的活动等）。

4. 活动的策划与促销。

5. 互联网技术的运用。

我们来看一个案例。

案例 1：宣传海报

如右图，我们抛开宣传海报上写的内容，单看橱窗的整体效果，可以说是“琳琅满目”，灯光昏暗，5个要素一个都不具备，

这样的门店设计肯定是非常差的，无法吸引顾客的目光。

我们在门店中常看到的一些促销方案，满送活动、折扣活动、立减活动等，这些活动都毫无新意。此外，还有一些店铺存在活动门槛值过高（如：买 1000 元送 500 元）、宣传单真正的重点不突出（主要是门店方与设计宣传单一方各自重点不同）、陈列混乱等问题。这些都是不能成功吸引顾客进店的重要原因。

现今社会，店铺促销方案同质化严重，这并不能使我们达到预期的效果。要想做好一个促销方案，首先要明确促销目的是什么，促销目的无非以下几种：提升销售额、消化库存、传播品牌、打击竞争对手。但是更重要的是，要区分清楚目标和目的。

从理解的角度出发，笔者认为：促销的目的是方向（您想要干什么），促销的目标是结果（您要达到什么程度），结果分为过程和结果性的指标。结果性指标一般指“销售额、毛利额、毛利率”；过程性指标一般指：进店人数、成交率、连带率、件单价、客单价、库存比、售罄率等。目标越多，促销的形式就会越复杂，除非是做大型的活动，否则建议尽量把目标数控制在 1 ~ 2 个即可。

案例 2：见招拆招 1

一个店铺开展促销活动，活动目的是提升销售额，目标是提升连带率，所以在方案设计上，应该以连带率设计方案为主。

假设门店：

A 品系列：400 ~ 500 元之间（如外套）

B品系列：100 ~ 200元之间（如内衣）

C品系列：100 ~ 200元之间（如鞋子）

该活动计划最低平均折扣为7折，那么方案设计该如何提升连带率呢？

第一，我们可以设置600元A、B、C款任选一件，这时连带率为3。

第二，我们可以设定买A后，B、C款立减120元的方案，这样既符合其打7折的要求，又可以将连带率设计为2。

由此，我们可以看出，如果你明码折扣的话，连带率会降低，这就是目的和目标不一样，方法就不一样。

那么，如何做到见招拆招呢？请看案例。

案例3：见招拆招2

某店铺促销方案为：春装5折、夏装8折，那么您该如何做差异化促销方案，同时折扣又不低于该店呢？

我把产品分为a区和b区，假设在a区设春装第一件原价，第二件1元，这实际上就是5折；此外，我们的店铺附加一个活动为：买x元，送x元，送的是代金券，这样又可以提升再次销售的可能了。

此外，b区内，我的活动为：春装5折不变，附加另一个活动“满400元送400元新款抵用券”，以此类推。此时，全场的春装以不同形式进行促销，但是折扣都是5折，我们送的购新款的代金券（以400元总额分为8张，即每张50元计算），背后标注的使用方式是：满250元使用一张，这实际上就是打8折。此外，我们还可以推出新款购买x元，充值 4 倍，免费拿走，再送 x 元春装 5 折现金券。其实，这些都是等同于春装 5 折，夏装 8 折。

我们来总结一下，见招拆招要做好以下几点：

1. 计算好对手的平均折扣。

2. 用组合拳进行回击。

3. 充分与消费者互动。

在做促销活动方案的时候，要注意以下 8 点：

1. 让更多的顾客知道门店——提高知名度的方法。

2. 让更多的顾客进门店——吸引顾客进店的方法。

3. 让进店的顾客都买——提升成交率的方法。

4. 让进店的顾客买得更多——提升连带率的方法。

5. 让进店的顾客买得更贵——提升客单价的方法。

6. 让不买的顾客也尝试买——提升新顾客的购物欲望。

7. 让买过的顾客下次再买——提升顾客的回头率。

8. 让买过的顾客还要带人来买——提升转介绍率。

第二章
门店促销策略必备的 12 项武器

1. 市场调研	2. 目的明确	3. 对象精准	4. 主题清晰
5. 方式新颖	6. 时间地点	7. 费用预算	8. 宣传推广
9. 培训组织	10. 促销执行	11. 效果评估	12. 后期延续

市场调研：别让竞争对手压你一头

促销前要做好准备工作，人员分工、物资准备都要到位，要提前做好调研工作。

举个例子：

一个门店经理，为了清库存，组织了一场买大送小的活动，即购物满 150 元送 50 元，实际上这是打 7.5 折，可是他的活动刚开始，他的竞争对手就推出了满 120 元送 30 元，满 150 元送 50 元。其实，他的对手仅仅多了一项满 120 元送 30 元，也就是打 8 折。这两家店铺都是做童装的，但是客户更愿意选择第二家店，为什么呢？因为，这家店铺的老板请了一个童装设计师，有针对性地对小孩做服饰的搭配，同时提供一些服装专业知识的讲解，还推出了以旧换新的活动。

这就是因为前期没有调研，而推出一个方案，带来的促销效果非常不好。

那么，我们回过头来，分析一下这个竞争对手有没有多出成本呢？第一，买赠活动一个 8 折，一个 7.5 折；第二，对手请了一个童装设计师，量身定做并可以为顾客讲解服装专业知识，对手其实可以从同品牌的其他店里抽调店员来讲解童装知识，或者请代理商或者厂家的督导来讲解也是可以的，并包装这位员工为专业设计师，这并不需要成本；第三，以旧换新活动，这也不需要成本。所以，在成本不增加的情况下，竞争对手成功地吸引了更多的客户进店消费。

在此，笔者再次强调一下，促销活动之前，一定要做好充分的调研。那么，调研的内容都有哪些呢?

1. 竞争对手的商品以及商品的质量、价格、陈列、来源、主打产品。

2. 竞争对手的促销方式。

3. 竞争对手店铺的整体设计、货品的搭配、广告宣传方式等。

4. 竞争对手销售情况，各类促销产品的占比是多少。

5. 竞争对手促销活动之后，还有哪些服务。

6. 竞争对手平时做促销活动的客流量、成交率。

所以，在促销活动当中，我们应当明确促销的目的，打击竞争对手也是目的之一，如果您是以这个为目的，那么对竞争对手的调研工作更是重中之重了。

此外，促销的物资准备也十分重要。

物资分为宣传物资、展示物资和辅助物资。

宣传物资中涵盖了海报、横幅、KT 板、一次性物料等。

展示物资涵盖了拱门、吊架、展柜、产品、赠品等。

辅助物资涵盖了气球、易拉宝、音乐、产品陈列、店招展示等。

在促销之前，一定要规划好促销前、中、后各个环节，只有做到心中有数才会达到预期的效果和目标。

目的明确：促销不仅是提升销量

有的放矢，方可百发百中。促销有多种手段和技巧，每一种促销手段在客户心中都会产生不一样的反应，带来不同的促销效果。因此，只有明确了促销目的，才能有针对性地设计促销手段，真正实现促销目的。否则，在促销开始时，方向都不明确，所采取的促销手段极有可能南辕北辙，那么，不论促销手段多么高明、促销投入多么大，都难以取得理想的效果。因此，在开展促销活动之前，必须考虑清楚你为什么要做促销，促销的理由是什么，促销的目标是什么，只有找到这些问题的答案，才能有针对性地设计促销方案，采取恰当的促销手段。

一般来说，店铺开展促销活动，有五个方向的目的：

1. 促进销售，提高销量

销量是所有店铺生存的根基。所以，促进销售、提高销量可谓是所有促销活动的主要目的之一。店铺通过促销活动，将产品销售出去，才会有源源不断的现金流。否则，产品卖不出去，店铺就没有足够的资金维持运营，没有钱更新产品，也没有钱支付员工工资。如此一来，店铺的销售力和服务力必然下降，顾客更不愿意进门。最终形成恶性循环，使店铺运营陷入死胡同。

当然，并不是所有的促销活动都能促进销售、提高销量，提升利润。例如，某高端品牌专卖店新店开业，该店进行了一场声势浩大的促销活动。该店店主为了提升销量，采取了所有产品半价销售的促销方式。虽然通过促销，该店铺实现了销量激增，但由于打折幅度太大，对该品牌的高端形象产生了冲击，当地顾客甚至质疑该专卖店的正规性。

由此可见，不以销售为目的的促销都是在做无用功，而仅以销售为目的的促销更为愚蠢。

2. 消化库存，清理老旧库存和滞销产品

所谓库存，指的是因各种原因造成的商品停滞在仓库中不能直接变现的一种不良状态。对于店铺来说，如何让库存转变成现金流，是实现店铺进入良性运营的基础。例如，我们经常在换季时，看到服装店门口贴出“换季打折”的促销广告，其目的就是消化库存。

库存无情地吞噬着店铺的利润，使一个个店铺倒下，也使店铺的总体运营成本居高不下，并且将会长期困扰该店铺。通过各种促销手段将老旧库存和滞销产品转变成现金流，是每个店铺都必须掌握的技巧。对于以“消化库存”为目的开展的促销活动，一定要对促销目的、促销手段进行美化和包装，绝对不能直接以“消化库存”进行表达，否则，库存变现的能力将会很低。记住，真正的营销高手，看到库存，想到的绝对不仅仅是库存，而是反思如何通过优化销售渠道、销售手段，加快商品的消化速度。

3. 传播品牌，强化顾客的认知

现在的店铺，在电子商务的冲击下，整体处在一个不大好的经营环境下。对于店铺的生存来说，可谓困难重重。尤其是随着店铺经营成本的上涨，包括产品进货费用、人工费用、店铺租金等等，都不断在涨价，导致了很多店铺最终难以为继，纷纷倒闭。在这样的情况下，打造店铺品牌、提高品牌知名度几乎是店铺生存下去的唯一出路。

店铺要提升品牌知名度，做促销是必须的。在以“传播品牌”为主要目的的促销活动中，首先必须搞清楚你的目标消费群，然后针对目标消费群接触媒体的习惯，在相应媒体上大量投放广告，同时辅以炒作和公关营销，实现品牌的快速传播。例如，脑白金就是通过“今年过节不收礼，收礼只收脑白金”轰炸式广告宣传，迅速在同类产品中强化顾客的认知，树立了品牌形象。如果店铺只将目光锁定在店内的“买赠”“打折”等促销手段，必然会本末倒置。

4. 打击对手，抢占市场份额

在激烈的市场竞争中，任何行业的店铺都存在无数个竞争对手。如何在竞争中取胜，在目标市场中占据优势市场份额，是店铺生存的关键。在以“打击对手”为主要目的的促销活动中，首先要对竞争对手的价格体系、促销策略做到心中有数，然后再有针对性地制定打击策略。这样，既可以达到削弱竞争对手促销计划力量的目的，又可以有效降低竞争的成本。如果不经过调查就盲目开展促销活动，无的放矢只会让你失望。

5. 吸引顾客，抢占顾客的视觉（眼球）

在促销活动中，通过现场活动、广告语宣传、让顾客直接体验等方式，吸引顾客的注意力，抢占顾客的视觉，实现“眼球经济”。所谓“眼球经济”是依靠吸引顾客注意力获取销量的一种营销手段。

在美国发表的一篇题为《注意力购买者》的文章中，作者Goldhaber说：“获得注意力就是获得一种持久的财富。在新经济下，这种形式的财富使你在获取任何东西时都能处于优先的位置。财富能够延续，有时还能累加，这就是我们所谓的财产。因此，在新经济下，注意力本身就是财富。”

可见，在“眼球经济”时代，谁抢占了顾客的眼球，谁就掌握了财富。因此，以“吸引顾客”为主要目的的促销活动，促销策略的设计与制定都必须以抢占顾客的眼球，使其产生购买冲动为基本条件。

总之，在开展促销活动之前，明确促销目的是一项非常重要的工作。一次促销活动的覆盖面是有限的，很难将以上 5 个方向的目的全部达成，只能有所侧重、有所放弃。然后，再根据你所要达到的首要目的进行促销方案的设计与策划，才能保证促销目的的达成。

对象精准：目标越精准，离成功就越近

每家店铺由于其定位、产品的不同，面对的消费群体会有所不同。而不同的顾客又有着不同的欲望和需求，不同的消费习惯和消费行为。因此，店铺在开展促销活动之前，要根据自身定位、产品，以及消费需求、习惯和行为细分顾客群，锁定此次促销的目标消费群，做到针对性促销。促销对象定位得越精准，离促销成功就越近。

一般来说，在确定促销对象过程中，要考虑两个问题：

1. 你的目标顾客是谁

营销的本质和核心是差异化。众所周知，目标顾客的选定，将直接影响促销资源投入的方向和重点以及最终的促销结果。无论是以任何目的开展的促销活动，达成目的的前提都是“选对人”。精准的目标顾客定位，将直接指导店铺促销活动的方案制订以及推广人员培训、方案执行等。

要确定目标顾客，首先要对不同的消费群体进行细分。

按照地理变量细分。针对不同的地区，促销活动需要采取的形式、主推的产品等都会不一样。例如，在店铺开展的活动，目标顾客就要从以店铺为中心半径 200 ～ 500 米内人群中锁定；而如果是在社区开展促销活动，目标顾客自然要从即将开展活动的小区内的居民中锁定。所以，锁定目标消费群的第一步是要划定目标区域，然后了解该区域中人群的年龄、收入、教育程度和生活环境等，划分出一个大概的符合本店定位的消费群体。

按人口变量细分。人口变量主要包括年龄、收入、性别三个要素，同时也是细分目标客户群最重要的依据。例如，肯德基根据自身定位，将目标消费群锁定在 16 ~ 25 岁的年轻男女，以及孩子年龄在 3 ~ 10 岁的 30 ~ 35 岁的年轻父母，该目标消费群的划分就非常精准。

按心理变量细分。心理变量主要是指顾客的社会阶层、生活方式等。例如，定位于高端的红酒直销店，处于低收入社会阶层且习惯饮白酒、啤酒的农民必然不是该店铺的目标顾客。

按行为变量细分。行为变量主要是指消费习惯和消费行为。例如，习惯购买时尚类服装的职业女性，走进运动装专卖店的可能性就极小，除非给她一个充分的理由。

通过细分顾客群体，在每一个变量中提炼出符合店铺定位以及本次促销目的的顾客的特点，总结在一起，就是本次促销活动的目标顾客。

2. 促销所选择的产品、赠送礼品与你的目标顾客是否匹配

锁定目标顾客之后，就要对消费心理、消费习惯和消费行为进行分析，寻找能够快速吸引其参与到促销活动中来的促销产品、赠送的礼品等。尤其是礼品的选择，赠送的目的就是为了吸引目标顾客，或者增强其对店铺产品的体验感，如果选择不当，不但无法达成目的，还会浪费资源，可谓是“赔了夫人又折兵”。

我们来看两个案例：

案例 1：

某童装店为了提升销量，计划在六一期间在店铺内举办一场促销活动。该店设计了两个活动内容：一是满 100 元送 20 元代金券；二是每天前 10 名顾客可免费领取一盒价值 56 元的老年人使用的“万通筋骨胶囊”。该活动推出后，该童装店发现客流量几乎没有增加，更别提销量增加。

案例 2：

同样是某童装店，为了提升店铺知名度，在春节前后做了一场促销活动。该促销活动的内容比较简单，就是做了一些代金券，用红包装着，所有进店的小孩都送一个红包。导购热情洋溢地对小孩说：“小朋友新年快乐，学习进步。”并对大人说，本次可以使用红包里面的代金券。

该活动推出后，该店的客流量明显增加，还有很多小朋友拉着父母专门到店里领取红包。而父母在春节后给孩子买衣服时，首先就会想到在该店还有代金券没有用。为了享受优惠，有不少父母专门拿着代金券到该童装店买衣服，该店的销量和知名度都得到了极大的提升。

在以上两个案例中，同样都是童装店，目标顾客为儿童和年轻的父母。案例 1 中的店铺消费满 100 元送 20 元代金券的形式明显不具有吸引力，而其赠送的礼品更是不符合目标顾客的需求——老年人使用的“万通筋骨胶囊”，这样的活动做了还不如不做。而案例 2 中的店铺，针对儿童爱玩的天性，同时结合中华民族在春节时都会给孩子发红包的传统习俗，采取把代金券放在红包里的形式送出去。既吸引了孩子的注意力，又使家长觉得收到了实惠。

由此可见，在策划促销活动之前就明确促销对象是多么重要，它将直接关系到接下来促销方案的制订以及执行。

主题清晰：让目标顾客爱上你

对于一场成功的促销活动来说，促销主题的选择和确定是首要考虑的因素，它是整个促销活动的灵魂。好的促销主题，可以让一场促销活动在宣传和执行的时候，起到事半功倍的效果。

促销主题不清晰的促销活动，对顾客缺乏说服力和吸引力。好的促销主题就是给目标顾客一个进店、购买产品的理由，带来销量和品牌知名度的提升。因此，店铺一定要把主题的设计作为促销方案的核心，它是促销成败的关键。

促销主题是对促销活动内容和主旨的浓缩，好的主题需要具备三个特征。

1. 考虑促销目标、竞争条件和环境、促销的费用预算和分配

要设计合适的促销主题，首先要考虑的是本次促销的目的、竞争条件和环境、促销的费用预算和分配等情况。脱离店铺实际情况和促销目的的促销主题，必然不能称为“理想”。

某品牌服装新开的专卖店，在新店开业时，为了迅速提升品牌知名度，开展了一场“以旧换新”的促销活动。其促销主题定为“以任意一件本品牌旧服装换新款服装，折价30%”，同时，在宣传时说明，回收后的旧服装会统一捐赠给红十字会。本次促销活动不仅很快吸引了大量该品牌的老顾客参与，同时其新颖的主题也引起了媒体的关注，达到了借势宣传的效果。通过这次促销活动，该品牌服装专卖店在当地的知名度得到了快速提升。

在以上案例中，如果是一家以“消化库存”为主要促销目的的店铺，该促销主题就显然不合适了。

2. 促销主题要创新和新颖，能够吸引目标顾客眼球

让目标顾客一眼看到就知道你在召唤他！要达到这个效果，促销主题的设计一定要“新”！无论是促销内容、促销方式还是促销口号，都要富有创意，并且以简洁、新颖、亲和力强的语言来表达，朗朗上口。

在不偏离店铺形象定位和产品定位的基础上，将促销主题设计得易传播、易识别、时代感强、冲击力强，而不是流于司空见惯的“买一送一”“震撼热卖”“特价酬宾”等简单标语。最好是让目标顾客看一眼就能记住，这样才能真正具有吸引力。

3. 促销主题一定要淡化商业目的，使活动更“亲民”

让目标顾客看一眼就产生非常想知道完整的促销活动信息的渴望。这就要求从目标顾客的角度出发挖掘能够瞬间击中其消费需求、极富煽动性的促销主题。一般来说，顾客在消费诉求上，可以分为三大类：

理性诉求：主要是有关产品质量、功能、外形设计以及店铺服务、信誉度等方面的信息。

苹果每次在发布新产品时，其广告语的设计都是为了击中目标顾客的理性诉求：苹果初代iPhone的宣传语是“苹果颠覆了手机行业（Apple reinvents the phone）”和“这仅仅是个开始（This is only the beginning）”；苹果iPhone 3G的宣传口号是“能够击败初代iPhone的第一款手机（The first phone to beat the iPhone）”，或者是“你一直在等待的iPhone（The iPhone you have been waiting for）”；苹果iPhone 3Gs的宣传口号是“迄今为止最快速的、最强大的iPhone（The fastest, most powerful iPhone yet）”；苹果iPhone 4的宣传口号是“这再次改变了一切（This changes everything. Again）”；苹果iPhone 4s的宣传口号是“迄今为止最惊人的iPhone（The most amazing iPhone yet）”；苹果iPhone 5的宣传口号是“迄今为止改变最大的iPhone（The biggest thing to happen to iPhone since iPhone）”；苹果iPhone 5s的宣传口号是“最超前、空前的手机（Forward thinking）”；苹果iPhone 5c的广告语是“丰富多彩（For the colorful）”；苹果iPhone 6/6 Plus的广告语是“岂止于大（Bigger than bigger）”；苹果iPhone 6s的广告语“唯一的不同，是处处都不同（The only thing that's changed is everything）”。

情感诉求：指击中目标顾客某种情感，如害怕、内疚、忧虑、好胜、自尊心或者追求快乐、与众不同等。对于节日促销活动来说，其促销主题的设定，如果从目标顾客的情感诉求出发，往往能够取得非常不错的效果。

道义诉求：往往是从目标顾客的人生态度、价值观和行为准则等方面设计的促销主题，一般多用在公益活动中。当然，如果能够在普通的促销活动中也考虑到目标顾客的道义诉求，添加公益因素，比如前面某品牌服装专卖店在其开展的“以任意一件本品牌旧服装换新款服装，折价 30%”活动中添加“旧服装捐赠”的公益因素，不仅击中了目标消费的道义诉求，同时也使促销活动自带新闻点，引起社会舆论的关注。在同一场促销活动中，店铺可以根据促销目的和促销对象的不同，针对目标顾客的某一种消费诉求设计促销主题，也可以兼顾多种消费诉求。总之，以打动目标顾客，激发其好奇心，促使其主动参与促销活动为重点考虑。

方式新颖：多样化+差异化+亮点化

促销活动为了降低风险，可以找合作伙伴共同举办，也可以找媒体合作，借势造势，效果会更好。促销活动要找亮点，只有新颖，活动反应才会越强，后期效果也会更好一点

促销活动的方式分为以下几类：

1. 买产品送产品

怎么买产品送产品呢？例如，在活动时间内，凡购买x元a产品，均可以免费拿走y元的b产品。购买500元a品，可以免费拿走100元的b产品。这就是买产品送产品！或者在活动时间内，组团3人以上，个人购物满300元，均可以享受b产品的大派送等。这个买产品送产品加了组团条件，目的是为了让更多的消费者进店。不管是哪一种买产品送产品的活动，都要做好前期宣传，否则活动效果会大打折扣。

2. 买产品送优惠

买产品送优惠当中的优惠，主要指的是送优惠券、抵用券、现金券、返现、折扣、送礼品等。这里为大家讲解一下现金、抵用券的使用方法。我们经常看到门店中推出购物满多少元产品后，可以得到抵用券多少张，或者满多少元产品送现金抵用券多少张，这些抵用券当中有抵用a品的、

b 品的、c 品的，把抵用券分类去使用。还会有满多少钱转转盘送 y 张抵用券的形式等。至于如何来计算抵用券折扣等我们会在后面讲到。下面先看几个案例，具体了解一下抵用券和返现如何使用。

案例 1：普通的促销活动

满 300 元，立刻返现 100 元；满 300 元，立刻返现金到返利卡（优惠卡）；满 x 元可以享受 8 折、满 y 元享受 7.5 折；一件 9 折，两件 6 折等方式。

案例 2：没有意义的促销活动

我们再看一下这张图片，您觉得有什么问题吗？

因为该促销方式没有阶梯层次，所以消费者会认为买 1000 元更划算一些，因为充 2000 元和充 1000 元的优惠力度是一样的。

3. 买产品送服务

这里说的服务范畴很广泛了，比如，购物满 x 元就可以享受 n 年的家具免费清洗服务或者免费大扫除等。这个赠送服务，若是各位朋友运用得好，那么在当地就将成为一个差异化的亮点。比如我们服务的一些女装品牌，我们推出买女装免费送家政大扫除，受到很多女性朋友的欢迎。当然，这需要计算好成本和最低平均折扣，同时要做好联盟服务。

4. 不买也有送

原来我们买手机要花钱，现在有很多运营商或者门店都推出了手机零元购活动，只要充话费就送手机。所以，我们可以在很多家具、建材等各式各样的门店开展不买也送的活动。比如，集赞多少，送 1000 元现金抵用券或者说集赞一定数量，送店铺里的另外一款产品等。此外，我们还可以跟商家联盟合作，比如，建材行业可以跟房地产公司合作，当业主购房的时候，就可以得到本店价值 1 万元以上的产品，这是不是提前在做销售呢？如果是母婴店，也可以跟房地产公司合作，比如业主购房后，可以获得门店价值 1 万元的产品，产品分为奶粉、用品、纸品、棉品等各种品类的产品。

案例 3：某童装店与麦当劳合作

某童装店与麦当劳合作，举办联合促销活动，凡是在麦当劳消费达 50 元，送门店的 30 ~ 50 元不等现金抵用券，在门店消费 200 元以上的，也可以获得麦当劳的抵用券，所以童装店充分利用了麦当劳这一大众化消费门店，一起做了联盟活动，把自己的抵用券送出去，从而吸引一部分顾客进店，做到了顾客资源的共享。

要充分利用资源整合，吸引更多的目标顾客进入您的门店，促使他们消费。在这里，要和大家说一个趋势，未来一定是“资源整合的时代、跨界颠覆的时代、免费模式的时代”！你的商业模式和活动策划不去改变，最后，你如何被淘汰出局的，也许你永远都不知道！

此外，促销形式多种多样，一般分为以下几种：

1. 门店独立促销活动（投入资金较少，多以固定客源为主）。

2. 店内外大型活动（投入资金较多，要考虑户外搭台场地、请乐队等大中小型促销）。

3. 商家联盟活动（活动方式相对多一些、需要整合资源、统一思想）。

4. 固定场所短期租用促销（位置好、租期短，一般主要用于清理库存）。

5. 线上线下渠道同步促销（渠道宽，提前将方案设计好，效果通常比较好）。

在促销活动当中，礼品和赠品很重要，在设计赠品时有4个原则，希望您谨记：

1. 有用性原则：赠品有用，实用，一般以日常用品为主导。

2. 珍稀性原则：赠品要看起来比较有档次，有收藏的价值。

3. 迫切需求性原则：这些赠品是消费者比较急需的。例如在某些区域的冬天，手套、暖手宝等就是属于迫切需求性产品。

4. 趣味性原则：这类礼品要富于情趣、好玩，消费者比较喜欢。

给大家举一个例子：

一家女装店，店里的咖啡和茶是从韩国进口的，而茶包不是一根线，而是一片叶，这就符合了珍稀性原则和有用性原则，因为在中国很少看到这样的茶叶包。此外，在门店中，会有专门的咖啡师为顾客调配出一杯香浓的咖啡。

所以不同的门店赠送的礼品不一样，高端的门店要有高端的服务、高端的礼品、高端的品位，中低端的门店同样要有符合您的品牌的赠品。

那么，消费者如何获得赠品呢？可以有以下几种方式：

第一，免费领取。

1. 进店后，免费领取。

2. 转发链接，截图后，可以免费领取。

3. 组团进店抽奖获得免费领取。

4. 其他方式免费领取。

第二，购物满额免费领取。

1. 购物满 x 元可免费领取。

2. 购物后用其他方式领取。

第三，加钱免费领取。

1. 未购物可进店填写资料，加 x 元可免费领取。

2. 购物满 x 元加 y 元，可免费领取。

3. 其他方式加钱免费领取。

时间地点：千万别小看，伤不起

每次活动促销要多长时间、地点要放在哪里，要根据不同季节、不同产品进行设定，依据每次活动的主题、目标来设定，尤其是地点一定要事先与城管、工商等部门沟通好。

有一次，我们给一个街边店的客户做活动策划辅导，前期的方案和物资全部准备好了，因为涉及外场搭棚以及播放音乐与外场喊麦等，我们让老板一定要和当地城管部门沟通好，否则会影响到销售业绩。该老板说，没有关系，城管一般不会去他们那条街，届时来了，临时和他们说一下就好。结果问题来了，那天做活动时，城管来了，警告几次要求把产品、音响全部搬进店内，不能占用公共区域，而且这几天有上级要来检查，为此，那一天所有的货品全部放进店内，音乐也没有，最后整体效果差了很多。所以，各位朋友，这些细节一定要做到位，否则伤不起。

再看一位优秀的经销商，他在选址上有他的套路。专去寻找那些空闲转让的店铺，租下半个月或者 10 天的时间，来进行库存的处理。 我们来看，这类店铺处于转让期，我们租用它的空当时间，所以临时租金很低；其次，这个店铺的客流量很大，对于库存处理非常好，由于客流量大、时间短、价格优惠等原因，促销效果自然很好。所以，我们要善于抓住时机，利用有效的时间和地点，帮助自己或者我们的客户快速消化库存。

费用预算：既要省钱，也要赚钱

促销预算是指店铺在计划期内对即将开展的促销活动有可能产生的费用进行估算，是对促销活动把控的重要工具。促销预算的重要作用在于它能够对促销活动所涉及的各个环节所需要款项进行提前规划，确保这些款项的合理性。同时，促销预算还可以作为检验促销效果的标准。

预算必须建立在既定促销目标和初步促销方案的基础上，要知道店铺为什么要花钱，大概要花多少钱，钱都花在哪儿。所以，在编制促销预算之前，必须搞清楚本次促销活动的主要目的以及哪些促销活动中的开支可归入促销开支项目，然后再对促销活动的各项开支进行细分。一般能够列入促销开支项目的费用包括：人员成本、公关费用、礼品费用、通信费用、场地费用、物料费用以及其他费用等七项。

费用预算的方法一般有四种：

1. 销售额百分比法

根据店铺年度销售目标的一定比例来确定促销预算，然后再按照每个月的销售目标将全部促销预算分配到各个月。这种促销预算的方法简单、明确而且容易控制，但是缺乏弹性。尤其是对于淡旺季比较明显的店铺来说，每个月需要开展的促销活动形式、次数都会有所不同，那么所需要的费用也会有极大差别。如果不考虑促销活动的实际需求，只是简单粗暴地按照百分比进行分配，将会大大影响到促销活动的效果。

春节前后许多店铺都进入了销售旺季，纷纷开展各类促销活动以吸引顾客，提升销量。某女装店采取的是销售额百分比法做的促销预算，每月的促销费用都是定额的。春节前，该店刚好上新款，又赶上元旦，就做了一场较大的促销活动，基本上把当月的促销预算都用完了。在之后的大半个月里，该店只能眼睁睁看着竞争对手将促销活动做得热火朝天，却没有办法应对。

当然，案例中的女装店属于极端个例。很多时候，即使采取百分比法分配销售预算，也同样可以根据实际情况进行适当调整，但这种调整的幅度毕竟是有限的。总之，如果不是连锁店铺要受到总公司的严格控制，普通店铺不建议采取这种极不灵活的促销预算方法。

2. 量入为出法

根据店铺的财力来确定促销预算。在编制促销预算之前，先对店铺的现有资金、预期的销售目标以及各种促销方式的策略、方法和所需的费用做到心中有数。尤其是要对过去几个月甚至几年内开展的同类促销活动的数据——投入和产出的比例，促销效果的评估等信息做全方位的了解。然后根据这些数据，再量入为出，制定促销预算。

这种预算方法的优点是确保店铺的最低利润水平，不至于因为促销开支过大而影响到店铺的正常运营。但是，由此确定的促销预算往往难以实现最优促销效果。有的极好的促销创意很有可能会因为店铺资金不足而被放弃。在店铺资金充足的情况下，也有可能出现投入大量资金的促销方式却并不是离促销目标最近的方式的现象。而且，以店铺的当前财力决定预算，完全忽视了促销活动对销售额以及店铺利润的影响。

3. 竞争对等法

根据竞争对手在促销中投入的大致费用来决定自己的促销预算。这是一种看似稳妥实则非常愚蠢的方法。首先，你所得到的有关竞争对手对促销活动投入多少的情报未必真实。如果你拿到了一份假情报，那么你想借助竞争对手的预算经验来编制促销预算，维持自己的市场份额就很难实现。其次，即使情报准确、真实，但每家店铺的实际情况不同，况且差异化是促销成功的重要条件。所以，在无论是店铺的现有资金、促销目的还是促销形式都不同的情况下，选择和竞争对手投入一样的促销预算，却不考虑自身情况，是对促销效果的不负责任。

4. 目标任务法

根据促销目标和方式来确定促销预算的方法。该预算编制方法的关注重点在促销效果，从促销的实际需求来编制预算。所以，从最大限度提升促销效果、达成促销目标的角度来说，目标任务法是最为合理的促销预算编制方法。

采取目标任务法编制促销预算，首先必须尽可能明确地制定促销目标、利润目标，然后确定实现这些目标需要的方法、策略，最后再预估达成促销目标所投入的每一项成本，成本之和就是达成促销目标需要的整体预算。

然而，这种促销预算编制方法带有极大的主观性，且在促销活动执行过程中很难控制费用开支。如果促销活动尚未完成，促销目标尚未达成，促销费用却已经花完，不但促销效果无法延续，还会打击促销团队的士气。但如果不加控制地对促销进行投入，又有可能造成得不偿失。

总之，四种促销费用预算编制方法各有优缺点。店铺在实际操作中，最好是结合自身实际，采取多种方法相结合的方式进行促销费用预算的编制，以求扬长避短。

宣传推广

我们都知道，一个好的促销方案，要通过多种渠道宣传，一定要让消费者获得这个信息，才会有进店人数。宣传的方式通常分为四种：

1. 实体广告

实体广告宣传分为：户外广告（如路牌、小区电梯间、公交站台广告等）、印刷广告（如杂志、报纸、图书、招贴、传单、海报、宣传册等）、流动广告（如车体广告、品牌活动宣传单、车队等）、店铺内广告（KT 板、灯箱、拱门等）、条幅广告（如横幅、拉网、易拉宝等）、产品广告（产品促销、义卖、赠品等）和其他广告（如遮阳伞、大型录影活动、产品推广活动、事件营销、开业走秀等）。

2. 电子广告

电子广告宣传分为：网络广告（如微信、微信群、朋友圈、公众号、小视频、手机短信、博客、微博、社交群号、QQ、网站、邮箱等）、媒体广告（如电视广告、电台广告、电影广告等）、LED 灯广告。

3. 媒体宣传

媒体宣传分为：电视电台广播广告、文化广告（如传播科学、文化、教育、体育、新闻等）、明星广告（如明星代言产品等）、报纸广告。

4. 口碑传播

我们可以通过促销的方式，或者是创意活动方案，来做口碑的传播。此外，产品本身品质的保证也是一种口碑传播。我们还可以通过门店的服务、专业的讲座来做品牌的传播。

但是，大家在产品宣传过程中要注意以下几个事项：

1. 聚焦目标客户群体。

2. 要了解目标客户群体喜欢的风格，为他们量身打造促销活动内容。

3. 要让顾客注意到您的宣传单。您要用巧妙的方式去分发宣传单。

4. 让目标顾客看到宣传单的内容图文并茂，突出主题。

5. 要让目标顾客感到利益所在，从而留住宣传单。

培训组织：结构合理、培训到位

促销的前期、中期、后期都要对员工进行培训。

促销前要对各岗位人员进行培训并做好物资的清点。促销中培训店主和销售人员主动与顾客交流，引导顾客购买；培训店主和销售人员把握顾客的心理需求，大胆向顾客推荐产品；还要强化热情、真诚，由感动顾客到服务顾客，真正做到产品营销到服务营销再到感动营销的转变。促销活动中，要备足货品，及时补货。促销活动中，最忌讳顾客想要买的产品，门店却没有货了，这样会让顾客感觉上当受骗；特殊的产品最好标注 “数量有限，售完为止”，以免引起顾客的不满。

促销执行：准备要充分，执行到细节

促销活动执行环节可谓是促销活动的核心，任何一个细节都有可能导致整场促销以失败告终。所以，促销执行中一定要把握好每一个关键点，做好细节。

1. 促销前：对各岗位人员的培训与物资的清点

之前已经对所有促销人员进行了系统化的培训，但在促销活动正式开始之前，还是再次重申每个促销人员的岗位和工作内容，加深记忆的同时唤醒工作人员的热情。更为重要的是，要再一次强调如果在促销现场遇到突发状况，促销人员该如何处理。

此外，促销物资的准备和清点，是保证促销活动顺利进行的重要工作。如果在促销活动进行中才发现某些物资缺失，不仅会影响到促销人员的情绪，还有可能对促销活动的继续进行造成阻碍。比如，以销量为主要促销目的的活动，促销商品却准备不足，导致顾客上门却买不到产品，不但直接影响销售额，还会使顾客质疑促销活动的真实性，进而影响店铺的信誉，造成客户流失。

物资准备最好在促销方案确定之时就开始着手进行。根据促销活动的需要，列出一份促销物资清单，并根据促销的力度、目标、持续时间等明确每种物资所需的数量。既要确保促销活动的顺利进行，又要避免浪费。

一般来说，促销中所需要的物资包括以下几种。

宣传物资：DM 传单、报纸、海报、横幅、KT 板等一次性物料、媒体广告、户外广告、门市宣传等；

展示物资：拱门、展柜、货架、吊旗、促销品、赠品等；

辅助物资：名片、气球、易拉宝、产品陈列、音乐、店招展示等；

销售物资：促销商品、热销商品、重点推荐商品、礼品、赠品等。

这些物资一定要提前备齐，并做好检查和清点。但是，即使如此，在促销活动正式开始之前，还是要再一次对照《促销物资清单表》进行清点，避免遗漏。

促销物资清单表

物资名称	数量	准备情况	备注

2. 促销中：促销关键技巧与物资跟踪

在促销活动进行中，店铺老板和促销人员的销售沟通技巧，将直接影响到促销的氛围和效果。一般来说，促销进行中要注意拦截引导技巧、销售技巧、路演技巧、抽奖技巧等。

（1）拦截引导技巧。通过对目标顾客的拦截引导，使其关注并参与到店铺的促销活动中来是非常有效的手段。当然，如果只是发发宣传单、喊喊口号或者盲目地拦截路人，其结果必定不会尽如人意。拦截引导目标顾客也需要一定的技巧，如准备好简单直接的拦截话术，一句话让目标顾客停下脚步；或者拦截比较容易说服的女性和儿童；再或者通过派发小礼品吸引目标顾客的注意力；等等。

（2）销售技巧。销售技巧是确保店铺促销销售额的根本条件。对于已经进店的顾客，如果让他们空手而去，那就是促销人员的销售技巧不过关了。在销售过程中，借助促销活动的氛围，店主和销售人员要主动与顾客交流，说服顾客购买店铺商品。同时，店主和销售人员要把握顾客的心理需求，大胆向顾客推荐商品，帮助他们选择合适的商品，尽可能地缩短顾客的购买决策时间。此外，店主和销售人员要始终保持热情、真诚的服务态度，由感动顾客到服务顾客。

（3）路演技巧。对于有节目表演、产品展示等路演的促销活动，一定要掌握路演的技巧，争取使路演的效果最大化，而不是“有人气，没销量”。首先，路演中的节目不宜过多，否则顾客可能只顾着看节目，忘记购买商品，甚至不知道这台完美的节目是谁呈现给他们的。所以，路演的节目在于精，而不在于多，能够吸引顾客的目光即可。其次，把宣传工作作为路演的重点。在路演过程中，要不断地进行产品宣传，促销活动宣传，随时提醒顾客到店消费，而不只是看节目。

（4）抽奖技巧。抽奖促销是很多店铺都非常喜欢用的促销手段。但是，抽奖环节如果设置不当，很有可能难以达到理想的效果，让顾客白白“捡了便宜”。在抽奖环节中，一定要加强目标顾客对店铺及商品的感知，例如通过填写信息表来搜集顾客信息，通过排队抽奖的形式强化店铺的促销活动氛围，通过照相、采访等方式炒热促销现场的气氛等。

此外，促销活动中，最忌讳顾客想要买的产品，店铺却没有货了。这样会让顾客感觉上当受骗。特殊的产品最好标注“数量有限，售完为止”，以免引起顾客的不满。而一般的促销商品、礼品、赠品等，要做好跟踪和监控，一旦出现短缺，要及时补货，以免影响到促销的进度和效果。

效果评估：投入产出要成正比

没有评估就没有效果。评估既是对本次促销活动的总结，也是对下次促销活动的指导。

只有对促销活动中的得失进行全面总结，才能使店铺的促销活动一次比一次做得成功。促销效果的评估不仅仅是促销活动结束之后的工作，而是贯穿促销前、促销中、促销后的监督和评估。

促销前工作的评估：

促销活动的宣传物资是否准备妥当并及时发放？

店铺所有人员是否都已经知道店铺即将开展的促销活动方案的所有细节？

促销商品是否已经准备齐全？

促销前的宣传推广是否到位？

促销中工作的评估：

促销商品是否始终充足？

促销商品的价格是否全部变更？

促销商品陈列表现是否具有吸引力？

店铺所有人员是否均了解本次促销活动的内容和执行策略？

店铺的促销活动气氛如何?

店铺销售人员的销售技巧如何?

每个促销岗位的工作人员是否执行到位?工作人员之间的配合是否默契?

促销后工作的评估:

数据搜集和分析是否已经完成?

促销活动的优缺点分析和反思是否完成?

过期海报、宣传单是否已经全部撤下?

店铺内的促销商品是否恢复原价?

店铺的商品陈列是否已经恢复原状?

当然,以上只是一次促销活动中对效果进行评估的思路。如果只是简单回答这些问题,并不能实现对下次促销活动的具体指导和调整。在具体的评估工作中,还需要有明确的评估指标:销售额、利润额、客流量、成交率、市场占有率、店铺形象和价值、促销费投入与产出的比例等。这些指标都来自于店铺的数据统计。通过将促销期间各项指标数据同促销前的各项数据进行对比,就能得知促销活动的效果如何。

对比方法主要包括两种:

1. 同比分析法。用今年促销活动期间的各项指标数据和上一年同一促销活动期间的数据进行同期比较。例如,某饭店在 2016 年十一黄金周 7 天促销活动期间的销售额为 20 万元,2016 年十一黄金周 7 天促销活动期间的销售额为 25 万元,同比增长了 40%。

2. 环比分析法。指针对店铺在促销前、促销中和促销后 3 个时期的各项指标数据进行对比。如某品牌家具店 2014 年在为期 7 天的“开业 3 周年店庆”促销活动中，活动前一周的客流量为 36956 人次，促销活动进行中的一周客流量为 74321 人次，促销活动结束后一周的客流人次为 46578 人次。因此，相对于促销前期，促销中的客流量增长了 101.11%，促销后的客流量增长了 26.04%。

某超市在五一期间，组织了为期 5 天的五一劳动节促销活动，活动主题为“感恩相伴，共享劳动喜悦”，促销内容包括：部分商品 5 折出售，并且购物满 55 元即可获赠小礼品；购物满 555 元即可获得 100 元购物代金券；购物满 5555 元即可获得价值 2555 元的电动车一辆。该活动现场人气很旺，仅一天就完成了 100 万元的销售目标。但该超市店主仅凭主观印象仍然无法知道本次促销活动的效果如何。在活动结束后，通过各项数据的统计和分析，该店店主做了一个五一劳动节活动效果分析表：

促销活动效果分析表

指标	环比增长		与去年同比增长
	促销期比促销前	促销后比促销前	
销售额	72.31%	27.54%	33.67%
利润额	25.67%	16.87%	6.43%
客流量	28.59%	11.12%	15.33%
成交率	59.29%	23.84%	18.61%
市场占有率	12.83%	6.25%	8.96%

经过分析，该超市店主发现，本次促销活动中，虽然销售额和成交量都有了明显提升，但利润额的提升并不是很高。通过进一步分析，该超市店主发现促销期间，大部分销售额和成交率来自于5折促销商品，进而导致了利润并没有得到大幅度提升。但是，让该超市店主感到欣慰的是，在竞争激烈的超市行业，该超市在当地的市场占有率在本次促销活动之后有了较大幅度的提升。

该超市通过数据对比对促销活动的具体效果有了初步的判断。除此之外，对促销效果的评估还要对投入和产出进行对比，才能更加真切地知道该次促销活动是否成功。有时候，虽然销售额有明显提升，但相对于店铺的投入来说，仍然是得不偿失，自然也不能说是一次成功的促销。当然，对于投入和产出的考量，也不能仅仅着眼于销售额和促销费用的对比，还包括促销客流量的具体提升数据以及利润率增长数据。最重要的还是要结合促销目的进行判断。对于以推广品牌知名度为主要目标的促销活动，因为大量的资金都投入在品牌推广上，销售额的提升就会有限。

除了数据对比分析之外，还可以在店铺促销活动结束后，通过对顾客样本进行问卷调查、座谈会等形式，了解顾客对店铺促销活动的直观感受。例如可设计提问，顾客对该次促销活动做何评价？最喜欢哪个促销内容，为什么？最不喜欢哪个促销内容，为什么？该次促销活动使其对店铺是否有了新的认识？该次促销活动对他们日后的购物选择是否会有影响？店铺的促销对象无非就是顾客，只有顾客说好的促销活动才是真的好。所以，从顾客那里得到的促销活动效果评价是最为客观和有用的。

当然，促销效果评估的最终目的还是找差补缺，希望通过评估找到该次促销活动中的不足之处，以便在以后的促销活动中进行调整或规避。

此外，在效果评估中，做好费用评估非常重要。

在中山街有两个同类品牌的服装店A店和B店，相距不到200米，且经营的品牌都在同一档次，价格也差不多，店铺面积都是60平方米左右。A、B两店因受经济危机的影响，生意都不乐观，主要是销售额下降、经营费用上升，促销更是经营中的难题。面对市场的需求，两家选择了不同的应对方式。

A店：注重营销，舍得投入，经常做一些五花八门的促销活动吸引顾客，提升销售业绩，而这些小活动也确实为A店带来了比较满意的营业额。

B店：由于资金不足，为减轻促销带来的负担，在日常经营中没有做任何促销活动。但前不久，刚好迎来B店两周年的庆典，店老板想借此机会，大炒一下店铺。不仅重新装修了店铺，而且花了部分资金在当地电视和广播与报纸投放宣传广告，还印制了10万张宣传单，让一部分员工连续3天到闹市区、居民集中的地方发放。店铺内有一半的服装特价销售外，还推出了5万元左右的代金券，只要顾客依据消费规则就可获得，还有送袜子活动。单笔消费达到相应的数额，便可获得一定面值的代金券，但前提是要在该店周年庆活动后，单笔消费满50元以上方可使用。

B店本次的促销费用差不多是A店半年所使用的促销费用。

结果效果一般，销量也没有提升很多，业绩还是不如A店。

B店因平时促销频率低，不如A店活动造势频繁，难以使该服装店铺与核心竞争力在顾客的心目中得到累积性的提高。促销投入之所以与促销收益成反比，根本原因在于促销方案的问题。B店没有充分洞察目标顾客的消费心理，单凭自己一厢情愿做促销活动，效果当然不理想。其一，顾客对购买多少金额才送代金券已经“不感冒”，难以激发顾客的购买力； 其二，活动现场没有让顾客“一见钟情”的赠品。

对于促销活动的费用评估要做好以下几个方面的工作：

1. 做好预算评估

要做促销预算，不能依据竞争的需要开展没有“效果评估”的促销，最后会赔了夫人又折兵。

预算前要了解营销计划。

营销目标：包括目标销售量、目标销售额、目标市场占有率。

市场分析：包括广告所要接触的市场大小、目标市场特性、主要竞争对手广告费以及已投入的总体广告量。

品牌分析：包括卖场促销活动力度的大小、卖场目前的销售额及市场占有率。

2. 费用评估内容

促销前的费用评估：包括促销前费用的使用跟进、管控以及问题的及时纠正。

促销过程的费用评估：包括促销过程费用的使用跟进、管控以及问题的及时纠正。

促销活动后的费用评估：包括费用的审核、费用的投入效果以及真实性的复查工作。

3. 促销费用结算方法

常规的促销费用一般控制在销售额的 3‰以内；

主题促销费用应控制在销售额的 5‰以内；

大型促销费用应控制在销售额的 8‰以内。

促销费用的结算方法：

综合分摊费：按照本卖场的月销售额分摊到各个业务部分。费用总数按照卖场总体活动产生的礼品、礼金券、新近的数额计算。

部门自支费用：每个部门每个星期所有的促销活动所产生的费用，包括礼品支出、返现额、POP 等一系列的费用。

厂家垫付费用：厂家在卖场举办的活动所产生的支出、包括舞台活动、布幅、拱门、灯箱、气球、展示等，由业务部门垫付成本费用，付至制作单位，其余款项归相关业务部门。

4. 费用评估过程中的注意事项

要靠数据说话：要依据历史销售状况与费用情况进行核定。

做好促销效果评估：投入与销售比（我们需要的是费用投入比例，而不是费用投入的额度）。例如，投入比为 1:10，投入 1 万元产生销售业绩 10 万元，占比 10%，再看利润是否有 10%。

注意严格按计划进行促销投入，抓住每一个细节，不能因为偏差而导致实施时还要增加更多的投入经费。

杜绝浪费，例如礼品的配送等。

做好费用审核。

后期延续：不要让“风筝断了线”

此外，活动后续工作也非常重要，要让活动有延续性，特别是很多品牌做促销活动的目的是以宣传品牌为核心的时候，后续的跟踪报道就非常重要了。门店也是一样的，我们有很多门店去赞助一些公益事业的活动，赞助结束后，一定要做后续的跟踪、维护工作，如果没有后续报道，前面所赞助的费用就打水漂了。

在公益类赞助活动中，如果您是管理者，从活动促销策略上来看，一定要关注以下几个事项：

1. 跟踪报道有没有持续，有没有多渠道宣传。

2. 有没有后期对孩子做回访。

3. 对参与义卖的员工，是否进行了采访。

4. 与爱心购买者进行互动，能否组织这一部分爱心志愿者去现场看望孩子。

所以，通过后期营销的方式，可以继续传播这个品牌的爱，也就是对品牌进行了持续的宣传。

第三章
促销 18 式实战技巧及技术解析

- 促销技术的应用
- 促销工具的应用
- 电商促销：玩转互联网 + 促销

促销技术的应用

在讲解促销技术的应用之前，我们首先来看几张图。

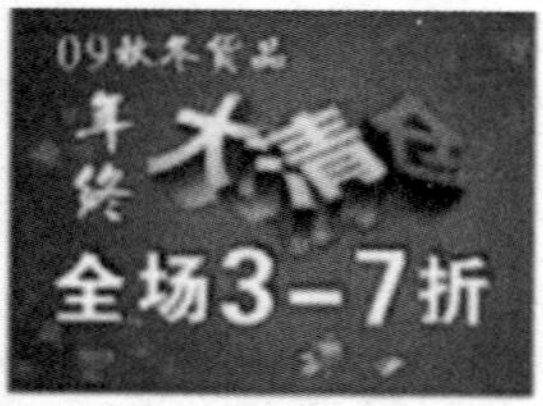

看到这些图片后，是不是感觉到眼花缭乱，都差不多呢？为什么呢？因为它们只有实惠、折扣的内容，同质化的促销会让消费者麻木，缺乏促销的创新和新颖性。

接下来为大家分享一个案例。

案例 1：阶梯式打折

某服装店对部分库存采用打折方式：第一天打 9 折，第二天打 8 折，第三、四天打 7 折，第五、六天打 6 折，以此类推，到第十五、十六天打1折。大家都会认为顾客会在打1折的时候再来购买，事实真的会这样吗？这个案例的思路来源于日本。在这个世界上，会存在不同消费层次的人，有的人会在打4到5折时就购买了，有的人认为打8折就已经很便宜了，这是不同的人在不同的阶段心理价位差异决定的。很多人都会明白这个道理，越往后，自己看重的商品就越可能被别人抢去。所以，必须在某个时间段出手。

这个案例实际情况是，在头两天出手的人不多，但从第三天起，购买的人就开始增多，特别是在第七天到第十天打5折、4折的时候，就进入了疯狂购买的阶段，因为到了打3折的时候，即使您会有很多产品，可是您会把部分商品收起来，这就是商家的一种精明之处。所以，这就是抓住了消费者的心理，做的一种阶梯式的打折。

案例2:分时段折扣

在广东有这样一个品牌，仅仅用了两年时间，在广东区域就做到了两个多亿。

这个品牌，每天都会推出一个折扣时间，在晚上7点全场9折，7点半8折，8点7折，以此类推，到11点1折，11点半全场免费送。实际上到了晚上9点钟的时候，门店所有的商品基本上就卖光了。因为，店长有一个权限，在顾客购买相应产品的时候，把低价位的产品送给顾客，而公司只对门店有一个每天的毛利考核。这样的一个案例，说明差异化促销可以实现较大利润。这个品牌在前期发展速度比较快，后期由于转入资本运作，中间的发展停滞了一段时间，抛开资本运作的模式，单纯从促销策略上来看，这个模式是成功的。

案例 3：差异化利用道具提升氛围

请看下面两幅图片。

我们看左侧这幅图片，店员打扮成小丑的样子在店铺门口，拿着一束气球，分发给小朋友。再看右边这幅图片，这个商家用 KT 板，做了一个美猴王形，留了面部的部分，让顾客露出面容拍照。这就是用差异化的方式来吸引顾客眼球，同时，起到品牌的宣传作用。

通过以上两个案例，大家可以自己思考一下，自己的门店有哪些差异化的方式可以运用到促销上来呢？

下面给大家介绍折价促销的 4 个类别：

直接折价：打 8 折、打 7 折等手段。

间接折价：消费满 x 元立减多少元、满 x 元返多少元等手段。

指定折价：如教师节时，凡是持教师资格证的顾客进店消费，一律打 5 折等手段。

时段折价：分时段享受不同折扣等手段。

此外还有降价促销主要的 3 种形式：不定期降价、巧妙降价、薄利多销。

这里我们特别讲一下薄利多销。如果一种商品价格每下降 1%，它的销量增幅会大于 1%，这种商品需求性的价格弹性比较大，一般是奢侈品；如果一种商品价格每下降 1%，它的销量增幅小于 1%，对顾客需求价格弹性空间比较小，一般是生活必需品。所以，在销售生活必需品的时候，您把降价力度稍微增大一点，效果会明显很多。接下来，为大家做一个案例分享。

案例 4：调整促销策略，扰乱消费者购买习惯

一个人，开了两个店，一个是 80 平方米，另一个是 120 平方米。两个店生意都不错，每年的业绩都有增幅，但是，年终核算利润的时候，反而每年都在下降。原因在哪里呢？这两家店，每个月月初 10 天和月尾 10 天都在做促销活动。所以，月中的销售额都很差。那么，如何用降价的策略来调整该店的方案呢？当时，我为店主出的方案是，该门店首先要改变的是消费者的购买习惯，扰乱消费者的思维方式。为什么这样说呢？因为消费者知道每个月月初和月末这个店都要进行降价活动，所以月中就不过来购买了。所以，要改变成月初、月中和月尾都有降价活动，只不过时间改变一下：月初的时候做 5 天，月中的时候做 6 天，月尾的时候做 3 天，这样的话，一个月做了 14 天，在活动日上减少了 6 天，这样可以把毛利推高。此外，让消费者感觉到不光是降价时间改变了，在

货品上也做了改变。降价品不再统一不变了，不同的时间段，降价的产品不同。这样，就把毛利率增加了。通过两个月实践，门店的销售额和毛利不降反升。

通过上述的案例讲解，我们小结降价促销的 8 个要素：

1. 师出有名。我们在前面讲到，“双十一”的时候做促销活动，这就叫师出有名。

2. 出奇制胜。促销若是同质化，加上现在很多产品同质化，那么目标一定难实现。而且活动必须创新，必须快速，让竞争对手看不明白，这样才有核心竞争力。

3. 淡化商业目的。促销主题要淡化商业目的。

4. 取信于民。唯有消费者对我们产生信任，活动才能做得更好。曾有一家店铺模仿他人的活动方案“充值 3000 元送 3000 元产品，再送 26800 元知名产品再返 3000 元”；这个是属于连环套活动，诱惑力也够大的吧，3000 元的产品现场拿走，同时还返 3000 元，等于又白拿走 3000 元，还有 26800 元的知名品牌产品，消费者赚了吧。可是最后我发现这家门店的促销效果很不好，活动结束后，我特意去看了一下，发现他们的赠品还有很多，根本没有送出去。这说明活动本身没有获得消费者的信任。不管你力度有多大，消费者不信任，活动一定达不到预期的效果。

5. 获得更多支持。一场活动要做好，必须获得上下游资源的支持。未来一定是资源整合的时代、免费策略的时代，商业模式结合促销策略的时代，所以，当下您必须要找到与您匹配的资源和支持。

6. 控制优惠力度。具体的优惠力度要依据品牌的特点、活动的目标、目的等来做预算。不能因为一场活动而影响后期消费者的行为购买习惯。大部分朋友应该清楚，一个门店若是开业时把价格降得很低，活动结束后，后期再恢复到原价，您会发现，业绩会直线下滑，因为消费者的消费思维停留在他花的是多少钱。后期你恢复原价时，消费者会认为你的利润很高。所以，每次的活动优惠力度的管控也是非常重要的。千万别忽略了消费者的思维方式。

7. 控制商品面。每场活动必须规划商品，确定各品类商品的量。禁忌整店几折的做法。所以，降价的商品要控制在一定范围之内。例如“双十一”，各厂家不可能把所有的产品都拿出来做最低折扣活动，厂家也是提前计算好，规划出哪几款产品，折扣控制在多少，甚至总销售量也在规划之内。

8. 做好商品的低价策略。所谓的低价策略，不一定是真正的价格低、折扣低，而是让消费者感觉低，这才叫策略。例如新款 1 件 8 折，2 件 6.5 折，这个活动方案不如改为一件 8 折，第二件 7 折，第三件 4.5 折。这样连带率还能超过 2。当然不同的品牌、不同的区域、不同的门店即使方案一样，做出来的效果也完全不一样。请大家结合实际使用。

综合上述，一场好的促销活动，一定要考虑这 8 个要素，才能够做好降价促销。

下面为大家分享创意促销的 18 种方式。

1. 创意促销

我们先看一个经典的案例。

案例 1：皮鞋砸布什

这是来自于当年的一个新闻报道，伊拉克的一名新闻记者拿着鞋子去砸布什，这一事件，相信很多人都不陌生。对此，我为我的学生策划了这样一个方案。在自己的门店，做一个布什的卡通画像，把画像分为 4 个部分，头部、胸部、大腿、小腿，设置一个距画像 3 米的线，让消费者拿着鞋去砸。如果消费者砸中头部，可以享受 9 折，砸中胸部 8.5 折，砸中大腿 8 折，砸中小腿折 7.5 折，如果消费者不购买产品，可以得到活动红包奖（红包里面装抵用券）。这个方案就符合了“促销 24569 法则”中的五大要素：

（1）新颖。

（2）实惠。

（3）让消费者参与。

（4）刺激。

（5）消费者传播。

当然，方案也突出了创意和心意。后期这个创意被很多门店在那个时期使用，效果都很好，因为活动方案符合了 5 大要素，同时结合了当下流行的事件。

接下来，给大家分享第二个案例。

案例2：单转盘变双转盘引流

我们经常看到，大街上的许多门店都有“购物满x元，转盘送好礼”的活动，这个转盘的意义在于，您给已购买的顾客一个额外的福利。而我们大多数门店营业额下滑的主要原因在于进店人数不足。那么，我们能不能让消费者免费过来转呢？所以，我建议，在您的店铺可以放两个转盘。第一个转盘是免费的，您可以派您的员工在门店门口做截流工作，利用转盘免费中大奖来吸引客流量，抵用券可以在这个时候送出去一部分；另一个转盘就是进店消费满多少元后，可以参与转盘抽奖，只是这个转盘的奖品更加丰富一些，奖品与赠品做区分就可以。

这两个案例满足了创意促销的5个要素，即实惠、消费者参与、刺激、新颖、让消费者去传播。

创意促销实际上就是实惠+活动的组合。

创意促销的灵感来自于生活。

案例3：价格您说了算

这个门店，它将部分的款式按照进货的折扣进行销售。比如，一种商品，标价400元，按照4折进货，进货价为160元。它的方案是：价格您说了算！采用自己与自己竞拍的方式，起拍价170元。很多顾客看到后过来询问，导购告诉他，价格您自己说了算，您说加多少就加多少，其实，这件商品已经高于成本价了，只不过是换了一种方式而已。这种方式让消费者感觉有趣，而且新颖、刺激，同时也感觉赚到了，关键是回去后会为您分享，这是免费的广告，价值无法用金钱来衡量。当然，消费者也容易记住你的品牌、你的门店，为后期进店重销打下了坚实的基础。

这就是创意促销。

2. 节日促销

节日促销是我们每个门店都在做的，大家都知道促销的最好时机是节日，所以我们一起思考一年当中有哪些节日适合我们促销呢？您的节日会比竞争对手多吗？您是如何定义节日的？下面笔者以营销的角度为大家定义节日。

节日：能够吸引公众眼球的日子就叫节日。

通俗一点的说："我认为是节日的日子就叫节日。"

下面为大家分享一个案例。

案例 1: 送人玫瑰，手中留钱

这个活动时间背景就是情人节。该门店派店员在门口发放宣传单，在微信、朋友圈也发布了活动内容，邀请进店的顾客都会得到一枝玫瑰花，等到顾客进店后，店长为每对情侣发放两枝玫瑰花，顾客拿着玫瑰花自然不好意思马上离开，所以基本上都会逗留一会儿，在这段时间里，顾客都会挑选商品，从而实现了销售。

这只是节日促销的一个案例，下面我们再看一个案例。

案例 2: 名人效应结合促销方案

在刘德华、张学友半百巡回演唱会的时候，我们很多人都会去抢着买票，如果此时此刻，您的门店做了某某品牌邀请刘德华的粉丝一起看演唱会，这是不是充分利用了这一名人效应来做店铺自己的活动日呢？具体的方案可以这样设计：第一种可以免费获取刘德华演唱会的门票，凡是进店顾客，填写刘德华成名曲，就可以有机会抽中刘德华演唱会门票 2 张；第二种是可以购买产品送刘德华演唱会的门票，购买满多少钱可以送刘德华的门票 1 张。这就是结合当下的事件，做促销方案，把名人效应应用到门店促销活动当中。

不同的客户群体，要通过不同的方式把他们吸引到门店中来，这就是您需要思考的地方。

接下来，为大家分享一个传统节日的促销方案。

各位朋友，只要您的思维打开，笔者相信有更多的点子和创意来做促销活动，您心中有节日，那么您店铺的节日活动就会更多，自然您比竞争对手就多了一些优势。

春季节日表

节日	促销活动主要内容
正月初一（春节）	
正月十五（元宵节）	
2 月 14 日（情人节）	
3 月 8 日（国际劳动妇女节）	
3 月 15 日（消费者权益日）	
4 月 5 日前后（清明节）	

夏季节日表

节日	促销活动主要内容
5 月 1 日 国际劳动节	
5 月 4 日 青年节	
5 月 12 日 国际护士节	
5 月第二个星期日 母亲节	
6 月 1 日 儿童节	
6 月第三个星期日 父亲节	
五月初五 端午节	

秋季节日表

节日	促销活动主要内容
8 月 1 日 建军节	
七月初七 七夕节	
9 月 10 日 教师节	
10 月 1 日 国庆节	
九月初九 重阳节	

冬季节日表

节日	促销活动主要内容
12 月 24 日—25 日 圣诞节	
1 月 1 日 元旦	

所以节日的促销，一定要区分来对待。以上是笔者为大家准备的一份表格，请大家在自己门店中应用时，一定要结合实际情况转化使用。

3. 买赠促销得民心，赚人气

也许您经常做买赠促销，但是，不同的思路，一点点的差别，就有不同的效果。首先，我们看第一个案例。

案例 1: 进店就送好礼

某品牌推出凡进店逢 6 的顾客，即免费送彩票，恭祝您中 500 万大奖。该品牌抓住了喜欢买彩票的顾客群体。所以，不同的目标客户群体，我们赠送的礼品是不一样的。您抓的不同客户群体越多，您的门店生意就会越好。如果您是童装店，您可以送脸谱，送一些时尚的、艺术的气球等。

上述案例，有一个细节是逢 6 的顾客即免费送彩票，这个门槛的设置非常重要，活动中，一点点的不同，其效果完全不一样。相信大家可以懂得并善于运用这个奥秘。

我们再看一个案例。

案例 2: 试穿鞋送袜子

一个鞋店的老板推出了这样一个活动，凡是进店的顾客，在试穿鞋的时候，都会得到一双袜子，试穿鞋之后，这双袜子重新包装好送给顾客。虽然，付出了一点成本，但是收获却更多。因为消费者在鞋店都是脱了鞋就试穿，而这个门店给顾客送袜子试穿，至少情感上和人性上已经赢得了消费者的心。

我们有一句话叫作：小舍小得，大舍大得，不舍不得。在做创意促销的时候，一定要善于抓住人性的弱点，抓住这条情感线，我们才能跟顾客加强联系。当然，您也可以利用互联网的技术，来做买赠的促销方案，我们在设计免费赠品的时候，一定要注意以下 10 点：

（1）赠品要让消费者感兴趣。

（2）赠品的价值要超出消费者的期望值。

（3）赠品要尽量有特色，有一定的珍稀性。

（4）赠品的质量要好。

（5）尽可能挑选与品牌有关联的产品作为赠品。

（6）避免与竞争对手采用同样的商品作为赠品。

（7）赠品要与促销的主题紧密结合。

（8）尽力挑选有名气的商品作为赠品。

（9）要尽可能降低赠品的成本费用。

（10）赠品要具有时代的特色。

4. 娱乐式促销

还记得有一年的春晚刘谦的表演吗？他的魔术一下子传遍了中国的大江南北。这也说明我们中国有很多魔术爱好者。同样，我们的目标客户群体，有追星族也有彩票迷，也有魔术迷，促销的对象可以按这些分类，所以把娱乐式促销应用在门店活动促销中，效果也是挺不错的。请大家注意，这个适合在平时周六、周日来做，尽量错开法定节假日。那么我们该怎么做呢？这里笔者给读者举一个案例。

案例1：魔术促销

在门店里面，我们可以将周六或周日定为我们的魔术促销日，在魔术促销时，我们可以玩魔术，免费让顾客来看。只要消费者成功模仿魔术，就给他一个大礼包。那么，这个大礼包有很大一部分是代金券。这个游戏关键是要营造一种氛围，吸引街铺流动顾客从别家店来到您的店铺。这样，又给自己的门店增加了一个“魔术促销日”。因此，你的店铺又比别人多了一个节日。

魔术节日活动具体怎么做呢？现在教给大家一些方法。比如做一个圆圈穿链魔术，在店门口聚集一些人时，店员可以说：“朋友们，如果您能成功复制我所演示的魔术，就给你们一个大大的惊喜。请大家看好，现场的朋友们一起参与，大家在我穿链之前，一起喊出‘恭喜发财’，1、2、3、噢，表演失败，为什么呢？因为刚才，有些朋友没有喊‘恭喜发财’，所以，我们再来一次，1、2、3，成功了！”

此外，还有很多小魔术，比如橡皮筋小魔术等，这些魔术，您都可学习，目的就是给顾客带来快乐。这就是娱乐式促销的魅力。

案例2：摇骰子游戏

大家可以在店铺里，每天举办摇骰子购物的活动。总共5粒骰子，所有进店的顾客，都可以参加摇骰子比赛。只要摇出三个6的，现场购物马上享受30%的优惠。如果不购物，送一张代金券。这种方式，可以让所有顾客，轻松娱乐，没有任何压力。买不买都没有关系，主要是带给顾客开心，因为我们是在做娱乐式的促销活动。让顾客参与进来，玩得开心、实惠，让他们感到开心、快乐，这就达到了我们的目的。

所以，您的品牌属于什么行业，定位在哪里，就可以玩什么类型的娱乐式促销活动。并不是说，这个活动不适合我，我就放弃了。在这里，笔者要告诉您，您要善于举一反三，要善于思考，如何去创造灵感，如何做更多的创意促销活动。

以上的活动，主要是用在我们客流量不大的时候，如果说本身您的店铺里人流量很多，营业员已经忙不过来，就不要再用这种方式来促销了。

案例 3：增加进店人数、成单率和客单价。

有一个门店，我给他们设计的活动方案是，手机号码当中，凡是含有 6 和 8 的朋友，均可以进店免费领取一份精美的礼品以及免费抽大奖一次。这个活动方案是基于当时店长的活动方案“活动期间，进店顾客均可免费得到一份精美礼品”。后来，我跟他说，不如设定一个门槛，当消费者看到这个广告的时候，都会兴奋地想自己的手机号码里有没有 6 和 8，如果有，那就可以进店领取一份。这就叫焦点的转移和人性的管理。所以，免费的产品、赠品、礼品，加上一个门槛的时候，效果会更好。

您也可以说，凡是手机号码含有 6 和 8 的朋友，均可进店领取精美礼品一份，并可以参加消费 1 元抽奖活动。您可以想一下，您的店铺里不会有 1 元的商品，顾客会去购买您的商品，您可以从中获得利润。您也可以这样做，进店的第 6、16、26、36……位顾客，均可以免费获得吉祥礼品一份。

这是针对顾客进店后，免费赠送的礼品，我们可以设计这样的方法。

只要大家思维打开了，店铺的促销活动方案就能创新，效果自然就会逐步提升！各位读者朋友们，加油！

案例4：满赠送优质实用产品

现在大家都喜欢吃土鸡蛋，而且土鸡蛋很难买到，所以我们可以这样设计，进店购物满18元的，赠送土鸡蛋2枚；满188元的，赠送6枚；满288元的，赠送12枚等。这只是举了一个例子，根据自己的情况，设定门槛和奖品。

案例5：节日促销

举个五一活动的例子，我们在节日中，可以加入活动内容：凡是手机号码中含有5或1的朋友，进店均可抽奖，享受五一的快乐。大家都知道，所有的手机号码都是1开头的，因此您的氛围就有了。

这就是创意促销——99%的心意+1%的创意。

促销活动是由"促销+活动"两个部分组成的，我们很多门店仅仅做了促销，而忽略了活动。刚才这些例子，都是有活动配进来的，当有了活动，您会发现，这个促销方案就变得有趣了，消费者就更加愿意参与进来了，这就满足了"促销24569策略"中的5大要素。

案例6：认字抵用现金

规则是这样的：参赛的朋友现场认字，准确率达到100%的，购物后，返50元现金（注意：这里返的是现金不是代金券），如果只错了1个字的，返 30 元现金，错了 2 个字的，返 20 元；错了 3 个字的，返 10 元，如果超过 3 个错字的，就不返还现金了，但是可以获得 50 元代金券。这样，门店的氛围就营造起来了。还有一点，对于现场没有购物但是全部答对的顾客，可以获得 200 元抵用券以及精美的礼包一个；如果错一个字的，可以获得 100 元代金券，再送精美礼品一份；如果错 2 个字的，可以获得 50 元代金券和一份精美礼品。如果只送代金券的话，没有意思，加上礼品的话，顾客会感觉到即使没有购物，今天也很快乐。顾客对品牌的认知度和好感度都会得到提升。这个案例您在使用的过程中，请注意字的设计，否则容易导致您亏损过大，得不偿失。

娱乐式促销还有很多的案例，只要大家充分发挥想象力，结合当下流行事件，多一些创意，那么竞争对手永远只能跟着您走。这就印证我经常说的一句话："我的内容经常被别人抄袭，但永远难以超越，因为我也不断在学习，不断在改变和创新。"

5. 饥饿式促销

所谓饥饿式促销，简单理解就是该商品性价比高，同时让消费者感觉数量少，营造冲动抢购心理的一种营销策略。

为此，我们可以将部分产品按照进货的折扣，甚至低于进货的折扣，提前 15 天开始宣传，然后集中某一天开始销售，或者下一个月再次宣传该产品计划抢购的时间，以营造这种饥饿氛围，让大家去抢购（想一想苹果手机新品发布的时候，也就是这个道理）。给大家举几个案例。

案例 1：某品牌限量款皮包

某品牌限量皮包中国发售 5000 只。看到这个包包，其实品相一般，但是，它有品牌知名度，在中国又仅发售 5000 只，所以提前宣传，让一部分对此品牌有情怀的人进行抢购，目标客户群体非常精准，这也是属于饥饿式营销当中的一种。

案例 2：土鸡蛋限购

我们再来看右边这张图片。

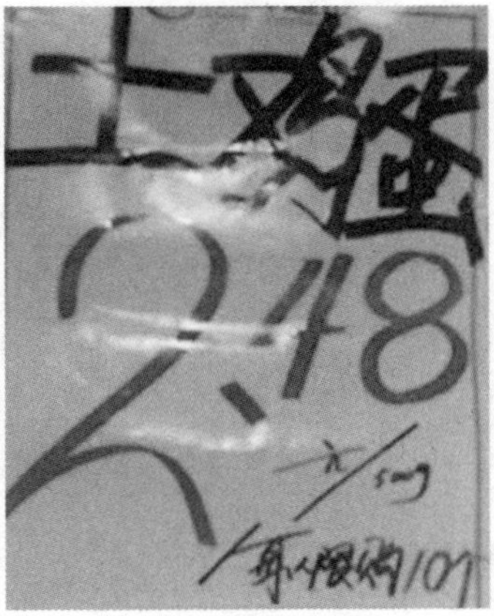

这是我在超市拍下来的，上面显示，土鸡蛋每人限购 10 个。因为写上了“限购”两个字，所以，大家都冲着土鸡蛋而来，然后排队购买。在这个区域就营造了一种氛围，消费者抢到土鸡蛋很开心，排队也愿意。这也是饥饿式营销当中的一种方式。

以上两个案例都是属于饥饿式营销。

6. 以箭换雕

何为以箭换雕呢？我打个比喻：我看到有一只鸟，躲在树叶后面，我要打下它，可是我射不到，怎么办呢？我先射一箭，让它从树叶后面跳出来，站到旁边的树杈上，然后我再射一箭，击中它。用“浪费”第一箭的方式来换取设定的目标。

在门店当中，我们如何用这种“以箭换雕”的方式来做促销方案呢？

简单来讲，就是用免费的A产品来吸引客流，B产品来赚钱。比如，进店的儿童，免费坐摇摇车，目的是为了吸引家长进店消费，这是在母婴用品店做活动时，经常使用的方法。餐饮行业设置免费自助区、擦鞋区等等，这些都是引流和回流的操作手法，目的是这些免费，餐饮来盈利。鞋服门店可以设置免费抽奖、免费送礼品等，这些都是“以箭换雕”的模式。当然，各位如果真的掌握了“免费模式”的设计，掌握了资源整合，从“引流、截流、回流”形成一个完整的闭环模式，那么您就能把“以箭换雕”升级为“商业模式”的设计！

在门店，也可以采用“以小充大”，或者“充小拿大”的方式。比如：我们计划新款8折销售，特价款是5折销售，于我在方案设计当中，可以精心挑选一部分款式，放在显眼的地方，标注“免费”字样，如何免费呢？

选购600元的商品，现场充值300元，抵1100元使用，这是不是“充小拿大”呢？充值300元，得到1100元，扣掉600元，还有500元。这是赚是亏呢？肯定消费者认为是赚的，所以，这个方案设定后，加上培训导购如何引导顾客，那么很多感性的顾客，大部分会选择充值。这个时候，您会问：“我们不是赔钱了吗？”

我们来计算：选购600元商品，消费者支付300元，这其实是打5折，剩下的 500 元代金券怎么使用，可以另作安排。比如，如果 500 元购买新款，每消费 100 元，可以使用 20 元等。这就是把抵用券的使用方式拆分开来，把它转化成免单的方式。其实促销玩的就是文字、数字的游戏。这种“以小充大”“充小拿大”就是一个文字、数字的概念。在“促销 24569 策略”中的 9 字要诀，就是“玩文字、玩数字、玩游戏”。

7. 连带有奖促销

在天猫“双十一”的活动当中，有一匹黑马——骆驼，多年位居服饰品牌销售排行榜前列。除了在其他方面做的努力之外，我个人认为，他们的抽奖式促销起到了很大的作用。下面我来给大家讲一下这个案例。

案例 1：骆驼品牌抽奖式促销

在所设置的奖项中，首先有“只要满 88 元，即送精美礼品一份”，此外，在每一个时间段，消费排名靠前的顾客，就可以分别获得 iPad、iPhone 等更多的奖品。这些奖励很诱人，而且是分时段上去的，这就让顾客不会因为错过上一个时间段而对后面的消费失去了信心和兴趣。顾客的心理是：反正要买，不如试一试运气，万一中奖了呢！每个人都会有这种抱着一线希望的机会，来参与这个活动。

那么，我们把它拆分来看：一个是满 88 元，赠送精美礼品，一个是分时间段消费排名靠前的，可以获得额外的奖励。骆驼品牌就是用这两个部分的促销方式来让顾客多买，最后达到了良好的销售效果。之后的“双十一”，很多品牌也开始运用这个策略。当大部分商家都在使用的时候，消费者就容易出现视觉疲劳，同质化的促销方式也就产生了。为此，各位朋友，您必须要不断去创新和演练，因为原理是相同的，因为万物相通，千变万化不离其宗。

在您的门店，也可以做“幸运大抽奖，惊喜送不停”这样的活动。您只要设置好门槛，达到这个门槛值的时候，就可以抽奖，这个门槛值，消费者必须要购买2～3件产品才能够达到，这就是直接抽奖的方式。当然，我们也可以做购买充值卡来抽奖的活动，从而促进我们连带促销。比如，很多门店在做满88元抽1次，满188元抽2次，满288抽3次等的活动。这些就是购买充值卡或者产品来抽奖，从而增加连带销售的方式。

在这里，我要介绍第二个案例。

案例2：冲关挑战中大奖

现场设置了3个抽奖箱，分别装有3个、10个、20个乒乓球，每个箱子中，只有一个乒乓球的颜色是黄色的。购物超过X元的顾客，可以从装有3个乒乓球的箱子中，抽取一个，抽中黄色的，为三等奖。这个三等奖的礼品，可能就是比较小的，比如肥皂、牙刷等。我们可以问消费者，愿不愿意闯关，下一个箱子是10个乒乓球，如果抽中的话，就会得到二等奖，比刚才获得的奖品大很多，如果没有抽中，原来的奖品也收回。如果第二关也成功了，我们可以问他要不要闯第三关，第三关的奖品是一等奖，跟前两关的奖品相比差距很大，可以是彩电、冰箱、空调等大件、高价值产品。如果第三关闯关失败，前两关的奖品收回，如果成功了，可以将这三关的奖品一起拿走。当然，也有顾客到第二关就不玩了，那么之前抽到什么奖品就拿走什么奖品。如果到第三关，没有抽中，前面的奖品都没有了，没关系，您要给顾客一个安慰奖，让顾客开开心心玩这个游戏，他虽然没有拿到大奖，但是也拿了东西走，这样他不会太失望，这个安慰奖可以是精美礼品，也可以是代金券。

接下来，再给各位读者讲一个案例，这个案例可以实现让消费者买完之后再买的目的。

案例 3：赠品 + 换购

我们可以设置条件：购物凭小票，满 x 元，可以免费领取礼品一份，然后在领取区旁边再设置一个换购区，也就是说顾客可以再加一定数额的钱，超值换购一样产品。这就可以实现“买了之后再买”的连带销售了。

希望大家不要放过任何机会来做连带销售。

8. 阻击对手拦截促销

我们先看一个案例。

案例：竞争对手活动方案

竞争对手推出一个活动：棉品 6.8 折；选购 x 元，3 倍充值免费拿走 x 元。

充值卡消费，享受店内折上折。

进店免费领取礼品。

购物满x元，均可以抽奖。

这就是我前面讲过的“高手对抗，见招拆招”当中的免单方法之一。如果您是他的竞争对手，那么怎么样来阻击他呢?

我们可以这样做，先把他的方案进行分解，然后来对抗、拆招。可以这样设置活动。

第一，进店消费的顾客，可以免费获得一份精美的公仔碗或者其他礼品。

第二，进店消费的顾客，可以参与抽奖冲关的活动，可以有机会免费拿走一台品牌手机。

第三，充值送大礼：他3倍充值是7.5折，我4倍充值是8折，所以，选购x元产品，4倍充值，免费拿走x元，再送x元产品券。

比如：选购500元产品，充2000元，免费拿走500元产品，再送500元代金券。

这里，给大家布置一个作业，大家思考一下：假设我是您的竞争对手，我门店的方案是进店消费1元，即可抽奖品牌手机一次；新款满200元立减50元，消费满388元可以抽奖品牌手机三次；组团3人，即可抽奖品牌手机一次，同时可以享受折上折；部分款一件7折，两件6折。

9. 借势造势促销

做促销要善于借势和造势。那么，如何借势和造势呢？我们先来看右边这张图片。

这张图片，锁定的就是球迷朋友，商家利用欧洲杯足球赛这个事件，推出“有奖竞猜，每日抽奖领取高清电视等多重好礼”的活动，宣传页上面写了某某品牌与球迷欢聚欧洲杯。当然，在门店里放着电视机来直播欧洲杯比赛。这就是根据欧洲杯这一个当下的主题事件，针对球迷朋友设计的一个促销活动。不同的客户群体，有不同的方式来进行活动策划。

我们总结一下，什么是造势呢？造势就是“小题大做”。制造和创造一种活动气势，事在人为，这就是借势造势。

10. 包装组合促销

所谓包装组合促销，就是我们把不同的产品或者相关联的产品做成一个组合，或者说做成一个大礼包，让消费者自由挑选。我用一个案例给大家做解释。

案例：亲情大礼包

这是我为一个童装品牌设计的一个礼包，其实这个礼包就是生日礼盒，这个生日礼盒可以由消费者自由组装鞋子、衣服、袜子和帽子等产品，只是形式上把它做成一个生日促销的礼包。在这个礼包上面，打上了“爷爷奶奶亲情包”“爸爸妈妈亲情包”“叔叔阿姨亲情包”等字样。为什么要这样做呢？因为现在小朋友过生日的时候，爷爷奶奶、爸爸妈妈、叔叔阿姨要给小朋友送生日礼物，送什么好呢？他们要么就拿钱，可是拿钱太俗气了；要么就是送礼品，可是送什么又太伤脑筋。所以，商家推出了一款这样的大礼包，帮助顾客解决这个难题。消费者进店后，可以随意挑选食品＋衣服＋裤子＋鞋等各种各样的产品，这就是商家做的亲情包的一个促销方案。

11. 优惠券促销

这种方式有很多门店经常在做。可是到底应该怎么做最有效果呢？我个人总结就是把抵用券、代金券、充值卡、积分卡、返利卡综合起来一起做，只要提前计算好折扣、发放的方式和发放的对象。这里仅以充值卡为例。

案例：充值卡促销组合方式

对于充值卡来说，我用“充值卡＋”的方式来做，那么充值卡要“+”什么呢？

第一，直接充值，这是大家都会想到，比如充1000元当1500元使用，再送500元现金抵用券。

第二，充值升卡，充1000元当1500元使用，并且享受金卡服务。

第三，充值加抽奖，充1000元当1500元使用，可以再享受两次抽奖机会，礼品有手机、相机等。

第四，充值加送礼，充 1000 元当 1500 元使用，除了两次抽奖机会外，再送油或者米一份。

第五，充值加免单，充 1000 元免单 500 元，或者说购物 x 元，充值 m 倍，免费拿走 x 元，再送 x 元并抽奖。比如，购物 300 元，3 倍充值（即充值 900 元），免费拿走 300 元，再送 300 元代金券，再抽奖。

第六，充值加积分，充值 1000 元当 1500 元使用，2 倍积分再加抽奖。

第七，充值加服务，充值 1000 元当 1500 元使用，再送家政服务大扫除一次。

这就是一张小小的充值卡，总结出 7 种使用方式供大家参考，当然还有更多种方式可以演变，因为营销本无界。

12. 公益促销

所谓公益促销，顾名思义，就是以提升品牌的知名度为目的的促销活动。下面给大家举一个非常知名的案例。

案例：农夫山泉“1 分钱”公益行动

农夫山泉的“1 分钱”公益行动，在 2001 年，用于申奥；2002 年，用于捐赠贫困地区体育器材的建设，所以在早期，“1 分钱”的公益行动博得了很多老百姓的喜欢。这个公益行动给大家带来的新想法就是：反正要买矿泉水，为什么不买农夫山泉呢？这样做，还可以支持国家的公益事业。

这就是公益促销的一种活动方式。在我们的门店，也有很多老板学以致用，做了很多的公益促销方案，效果都很好。比如“捐助旧衣，温暖山区孩子”行动，主题为“这个冬天有点冷，你我爱心暖人间”，这个主题听起来非常温馨。具体的活动方案就是：在xxxx年xx月xx日——xxxx年xx月xx日期间，顾客将自己洗干净的旧衣服拿到本店，购买新款衣服，可以抵扣现金。所有旧衣服收集之后，本店会组织爱心志愿者，一起把旧衣服以及捐赠的物资直接送到山区学校给孩子们。这样的一个活动，就起到了品牌宣传的作用，这也是公益促销当中的一种方式。

当然，我们也可以联合记者，做一些公益促销的活动。比如，持干净或新的衣服来本店，均可以获得本店提供的爱心卡或者爱心抵用券一张，并且在爱心榜上签上您的名字，由本店及爱心志愿者带给记者，一起送给山区的孩子。

接下来，再给大家分享一个主题：温情1元，xx品牌助学生营养餐。大家知道，山区有很多孩子，现在缺乏营养，所以xx品牌跟当地的慈善总会合作，承诺：每销售一件产品，拿出2元来帮助山区的孩子吃上营养早餐。在这里，我需要提醒的是，您的门店除了拿出一部分资金来做公益事业之外，更重要的是后期持续的跟踪报道，只有这样，才能够对自己的品牌起到宣传作用。当然，您也可以做一个默默无闻的爱心奉献者，我之所以强调报道这一点，是因为今天，我们是从活动促销的方式来谈如何助力学生的营养餐的，当然要强调品牌宣传的效果。

这就是公益促销，通过公益事业，将消费者、门店经营者、社会资源等结合在一起，促成公益事业并持续跟踪报道，这将对品牌宣传起到非常大的促进作用。

13. 折扣艺术促销

我们首先来看右面这张图片。

“1 换 2 倍”，这是打几折呢？商家做了一个文字游戏，让消费者来问这是打几折，只要消费者过来问，就有成交与销售的机会。其实，这就是打 5 折。我们再看下面这张图片。

这是笔者之前的一位学员在课上提出的问题，笔者帮他修改了促销方案。原来的方案是：买一送一，笔者给他修改了两个字：买一拿二。其实，这就是在玩文字游戏。实际上，也就是买一送一的意思。你付了一件的钱，拿走两件产品，这不就是买一送一吗？但是文字上面，给消费者视觉感受是完全不一样的。这位同学后面又自我完善了一步，加了一个另送500元，这是课程中为大家讲解的，送代金券。笔者经常说过一句话“要不要是他的事，送不送是你的事”。

案例：预售票，现场惊爆价

从右面这幅图中，我们可以看到，商家给出了一个价格，但是在百位数上面是个问号，具体是多少钱在活动当天才能揭晓，这是现在很多建材店通常用到的方法。同样，我也给一个母婴连锁店做过一个类似的案例，就是在中秋节博饼活动。大概的方案内容就是：只需要15元，就可以获得一个价值888元的大礼包。通过预售票的形式，该门店共发放了1400余张，也就是说，在活动当天，会有1400余人进店选购产品，这就是预售的好处之一，我们可以提前知道当天进店人数的一个起线值。

我们也可以这样做：逢吉祥数，可以免费拿走一件同等价值的产品，比如第5个顾客、15个顾客、25个顾客……进店，购买x元产品，可以免费拿走x元产品，这实际上就是买一送一（当然，这是建立在原价的基础上面）。如果是在本身打完折后再送产品的话，您要提前计算好折扣是多少，从原理上来说，就是买一送一。因为，您通过这个方案，每天送产品给顾客的人数并不是很多，这只是幸运顾客，每日都抽取而已。

各位读者，一定要懂得转化使用，同时要有免费的思维模式，只有这样，才能让顾客赚到便宜，只有顾客赚到便宜，我们才有机会提升业绩。

接下来，笔者结合VIP顾客板块，告诉您如何做促销日，我们把它称作“VIP幸运日”。比如每个月都由一名顾客来抽取上一个月的幸运日，凡幸运日购买的VIP顾客，按照当日购买的金额，可以免费到店铺拿同等金额的产品。这种方案，可能在前两个月效果都不明显，但是，只要您坚持做这个活动，您的门店效果会非常好。有的读者可能认为这样做会赔钱。的确，看表面这是亏本，但实际亏了多少呢？促销的核心之一就是计算加利他思维，今天你让消费者赚了便宜，你得到了引流效果，品牌宣传效果，后期你得到了更大的利益，这就是我常在促销中说的“利他思维模式”。

我们一起来计算一下，假设您一天的销售额在5000元，您的VIP顾客占比按60%计算，实际达到3000元，您送50%产品出去，送了1500元产品，这是按照吊牌价计算的，假如您的进货价是4折，实际上送了600元。您一个月仅仅只花了600元，您一个月销售额假设为15万元，那么，实际上您给VIP顾客服务的成本占比才0.4%，这个成本真的不高。

通过以上计算，大家应该可以看到这个成本的占比数据，你若一个月连1%服务VIP的规划都没有，谈什么VIP服务呢？当然您可能会说，我有其他的VIP服务，但是终究要核算出费用占比，唯有数据才能体现效果的差异。

再给大家分析一下折扣的艺术。比如，全场5折，转换一下，实际上就是买一送一，为什么要买一送一呢？全场5折销售的时候，连带率只有1，而买一送一，连带率是2，这就是换一种方式的做法。我们也可以把它转换成满100元立减50元，满200元立减100元，以此类推，或者买100元送100元，买200元送200元等，这也是打5折，还有100元当200元花，这都是我们经常看到的销售方式，但是我要给您介绍的是：如何做惊爆价1折，最后折算后还是5折的销售方案。

买一送一，是5折，连带率为2。那么，如何在销售旺季，我们把滞销款提前做惊爆价1折方案呢？

第一件9折，第二件1折，这样折算后实际上就是5折，也可以第一件8折，第二件2折等，以此类推，实际上都是5折。

假设我设定的连带率是3，怎么做呢？原理是一样的，第一件原价，第二件4折，第三件1折；也可以第一件9折，第二件5折，第三件1折等。那么怎么算的呢？可以用一个简化的公式来套用：平均折扣=x / 连带率，其中x是所有产品折扣相加之和。上面的计算就是这样来的：平均折扣是5折，连带率是3，那么x等于15，也就是说所有折扣之和等于15就可以了。例如：第一件原价，第二件4折，第三件1折，折扣之和就是10+4+1=15；我独创的“促销24569策略”中的9字要诀就是“玩文字、玩数字、玩游戏”。

这里再给大家举一个例子。平均折扣是7.5折的产品，如何去转换呢？一般来说，就是买三送一；满300元送100元；买5送2；买三件，第四件免费送；买 200 送 66，买 200 立减 50 等都是 7.5 折。

这就是折扣的艺术。您把折扣的艺术用好了，销售额就会提高，库存就会清理得比较快。

14. 感性促销与策划

这个方式，很容易理解，就是调动消费者的情感，来进行产品营销的方式。我们看一个例子，一个鞋店推出了凡是在本店购买伴侣鞋，就可以获得电影票 2 张，穿上 ×× 品牌，让我陪你走一生。这就是情感式的营销，只要是伴侣，都会喜欢这样的产品，这样的策划方案。这就是感性营销。

15. 联合促销

在前面，我给读者分享过，强化商家联盟，所以，联合促销，就是您要和很多商家一起来做促销，能够找到与您的品牌对等的商家，思想统一的商家，只有相互共赢发展的商家，才能够做好联合式的促销。

联合式的促销主要体现在以下几个方面：VIP 卡互通，顾客资源的整合。

这个商家与大地电影院联盟，消费一定金额，可以获得大地电影票一张。也就是说，当下，电影院最流行的电影，可以通过在门店购买产品来获得观影资格。所以，要善于抓住当下的时机来进行产品促销方案的设计，这个尤为重要。

我们再看一个联合促销的案例。这是一个经典的案例，就是移动公司和金龙鱼企业联合促销，交话费 100 元，可以获得一瓶金龙鱼的油。这么大的公司都在做联合促销，我们的门店更要做。所以，选择好您的商家联盟，一起来做联合促销，一起共赢发展。联合促销，只要找对商家，就一定能做好方案。

接下来再为大家分享一个我们做的经典案例：

某酒吧开业之际，计划酒水打 5 折，酒水的成本约 2 折。按照老板的思路，他还有三成的毛利。但是这样做会让消费者形成一个习惯，今后来消费，你也要打折，因为你开业就打 5 折，说明你的利润很高。为此，我们给其策划了一个方案。让老板找到当地 2 ~ 3 家的联盟商家，可以是吃的商家、穿的商家，只要不是自己的同行就好。后来，该店老板找到酒吧附近的一家卖龙虾的店铺，一家卖茶叶的店铺。于是和卖龙虾的老板说，我为您免费带客流过来，增加店铺生意，这部分顾客您在成本价的基础上面加 10% 的价格，酒吧老板直接为其买龙虾票。例如龙虾 1000 元，成本 3.5 折，加 10 个点，那么 1000 元的龙虾我给龙虾店老板 450 元，消费者拿这 1000 元券就可以到店消费 1000 元，不需要再支付任何现金，因为我已经为其支付了 450 元；那么我的酒水毛利打 5 折，我还是 300 元吗？我们一起计算：1000 元 −200 元（酒水 2 折）−450 元（1000 元龙虾券）=350 元。各位朋友，这样下来，还多赚 50 元，而且酒水不打折，消费者可以免费吃 1000 元的龙虾。用同样的方式，我们让酒吧老板和茶叶老板也采用这样的方式进行合作。

这里送给大家一句话：未来只有两条路，一条是整合别人或者被别人整合，另外一条路就是倒闭。所以，我们归纳总结一下联合促销的注意事项：

要遵守目标市场相同、相近的原则。

联合各方要互惠互利。

注意联合双方的官方效应，也就是说联合的单位、形象、品牌的档次要差不多。

这就是联合促销要注意的事项。

16. 定期促销

在前面的案例当中，给大家讲解过某品牌集中 3 天时间做促销，3 天以后全部商品恢复标准化陈列，这就是定期式的促销。还有，很多品牌在年底最后一个月，都推出工厂特卖会，这也是属于定期促销。此外，我们每一周也可以推出一个幸运顾客免费送的活动。我们可以用电脑随机抽取一位顾客，将他当时购买的钱款全部返还，也可以做逢 8、18 位顾客免费获得一款产品等，这也是定期促销的一种。

定期促销有一个注意事项，那就是：一定要设计好门槛。只有设定门槛，消费者才会珍惜。

17. 混搭式促销

混搭式促销，核心就是测算。我们先看案例。

案例 1：新款、特价款混搭销售

新款：	特价：
A 系列：300 ~ 400 元	A1 系列：300 ~ 400 元
B 系列：200 ~ 300 元	B1 系列：200 ~ 300 元
C 系列：200 ~ 300 元	C1 系列：200 ~ 300 元
D 系列：100 ~ 200 元	D1 系列：100 ~ 200 元
计划折扣在 8 折	计划折扣在 5 折

我们可以设置 960 元 A、B、C、D 系列各选一件，也就是 960 元拿走 4 件，后面的特价款，600 元可以拿走 4 件，这就是整体打包的方法。

案例 2：区域混搭促销方案处理库存

A 系列吊牌价约 600 元	库存数 200 件	约 12 万元
B 系列吊牌价约 500 元	库存数 180 件	约 9 万元
C 系列吊牌价约 400 元	库存数 300 件	约 12 万元
D 系列吊牌价约 300 元	库存数 200 件	约 6 万元

我们设置 180 元区，原价 600 元，抢购价 180 元，这是很有诱惑力的，但是有一个问题，我们如何把这几个系列产品放在这个区域最后综合平均价是 180 元呢？比如，600 元产品放 20 件，500 元产品放 20 件，400 元产品放 60 件，300 元产品放 167 件，这样折算下来就是平均价 180 元。

所以，高价位的产品可以少放一些，低价位的产品可以多放一些，最后混搭在这个区域内，让消费者去抢，这就是区域混搭方案用来针对处理库存时的设计。

18. 互联网促销

当今社会，互联网在促销中的应用非常广泛，在这里，我为大家讲解一些利用互联网开展促销活动的方法。

软文式精准营销：推送软文（养生、理财、服饰搭配等内容），后面附上我们的促销内容。

小视频：推送小视频（产品视频、娱乐视频、搞笑视频等内容），后面附上我们的促销内容。

点赞送产品，线上抽奖送产品。

红包领取：在微信群里发放红包，领到红包的人，可以在到店消费时抵用现金 10 倍使用，请注意，一定要核算好发放红包的大小和个数。

线上、线下的互动互通：把线上的引流到实体门店。

线上的游戏加促销的内容。比如，利用偷菜的游戏，让消费者边玩边体验，培养顾客的忠诚度。我们可以联合第三方，开发一款卖场偷宝贝的游戏，比如我们把产品分为 A、B、C 三个系列，在游戏中，各个宝贝的名称，与卖场陈列的布局一一对应，与卖场中相关的产品一一对应，玩家每获得某个宝贝，便可以在卖场内享受相应的折扣等。

促销策略与技术的应用，有几个很重要的注意事项：

（1）宣传的方式。

（2）赠品、礼品、奖品的选择。

（3）氛围的营造。

（4）折扣的艺术。

这些辅助的事项，直接关系到您的促销活动好坏和效果。

在促销技术方面，我为大家做如下解析：

（1）价格促销：价格促销实际上就是折价，降价和特价促销。

（2）创意促销：前面我们也提到了，创意促销要做到 99% 的心意 +1% 的新意。

（3）节日促销：你心目中的日子叫节日，我们要善于利用每一个特殊的日子来做独一无二的促销节日活动。

（4）娱乐促销：娱乐促销最重要的就是要突出好玩、刺激、新颖。

（5）有奖促销：这种促销方式经久不衰、冲关有奖够刺激。

（6）借势促销：借助当下的形势来进行促销，既有趣，又有心意。

（7）组合促销：组合促销的核心就是：情意 + 心意 + 产品 + 优惠。

（8）优惠券促销：商家必须掌握优惠券的“玩法”，要会利用优惠券吸引顾客，抓住各种机会，以不同形式发放自己的优惠券。

（9）公益促销：让爱与消费者助力品牌腾飞。

（10）积分促销：积分促销是锁定目标顾客的最佳技术。

（11）折扣促销：折扣促销中，我们应该注意切勿明码折扣，促销策略有艺术。

（12）感性促销：核心是抓住消费者的心。

（13）联合促销：整合资源、提升进店人数、成交率和客单价。

（14）定期促销：有方法、有创意、有内涵的定期促销方有好的结果。

（15）买赠促销：大舍大得，小舍小得，不舍不得。

（16）主题促销：系统策划必不可少。

促销工具的应用

一个促销方案，它的核心工具应该有哪些呢？我们用工具表单来说明，请看促销活动方案设计表单（一）。

促销活动方案设计表单（一）

序号	项目	促销方案设计要项	具体方案	物资材料	备注说明
1	**促销目的**	库存处理、新品上市、回馈老客户、资金回笼、打击竞争对手			
2	促销的对象	VIP 专场顾客、流动顾客、异业联盟、综合顾客等			
3	**目标设定**	金额目标、品类目标、件数目标			
4	活动主题	特卖会、购物节、新品 GO、答谢会、沙龙会、抢购会、主题 GO			
5	**促销活动方案**	**优惠**（价格、买减、买送、积分兑换、返券、限时抢购、秒杀、折上折、以旧换新、买一送一、买产品送优惠、卖产品送服务、不买有送）+ **创意活动**			
6	**赠（礼）品选择**	赠品满足四大原则			
7	**宣传方式**	实体广告、电子广告、媒体广告、口碑传播等			
8	**费用预算**	物料、人员、公关、宣传品、礼品、交通费。场地费、激励奖金、杂费等			
9	激励方案	物质激励、精神激励、融入 PK、对赌、承诺。			

表格中文字加黑部分是核心重点，是促销方案中的核心要项。在做促销方案的时候，我们要考虑达成促销的目标是多少。比如，我们促销的目标是以销售额为导向，那么我们就要在做方案之初，考虑到影响销售额的 3 个核心指标，即进店人数、成交率和客单价。实际上，这四者之间的关系是：

销售额 = 进店人数 × 成交率 × 客单价

比如，这场活动，您的策划预期目标销售额是 5 万元，那么，假设客单价预算在 500 元，那么这场活动的成交人数应该是 100 人。如果您的成交率还可以，但是进店人数不足，那么，就应该把重点放在多吸引顾客上来。进一步讲，如果您的成交率预测为 50%，那么进店人数应该不低于 200 人，清楚了您的进店人数后，如何才能达到这个数呢？在促销活动方案中必须有引流和提升进店人数的方案，并且预估能达到 200 人的进店人数方案，这样才能够确保达成目标。

下面给大家介绍第二个表单，那就是促销活动方案设计表单（二）。

促销活动方案设计表单（二）

进店客人渠道	宣传途径与方式	预估进店数	成交数	客单价	预估成交金额	策划方案
VIP 顾客						
VIP 带新顾客						
异业联盟顾客						
流动顾客						

确定好了这四类顾客，那么您的方案里面就要设计通过什么样的宣传方式，什么样的内容来吸引这四类顾客进店，这是不是关键点呢？当然，在品类上面，我们也要做规划，大家请看第三张表单，也就是各品类规划设计表。

各品类规划设计表

品类规划	客单价	预估成交金额	策划方案	物资清单
A 品类				
B 品类				
C 品类				
D 品类				
E 品类				
F 品类				

规划每个品类，才能够确定各品类的平均折扣，而不要等到最后做评估的时候才发现平均折扣过低、毛利率过低。所以，要把品类划分出来，预测客单价、成交金额是多少，预估平均折扣是多少，然后再回过头来看，您需要采用什么样的方案，执行这个方案所需的物资是什么。

这里有一份完整的促销方案模板表供大家参考。

促销方案模板表

序号	项目	促销方案设计要项	具体方案	物资材料	备注说明
1	促销目的				
2	促销的对象				

（续表）

序号	项目	促销方案设计要项	具体方案	物资材料	备注说明
3	目标设定				
4	活动主题				
5	促销时间				
6	促销地点				
7	促销前期准备				
8	促销活动方案				
9	促销要点				
10	宣传方式				
11	宣传口号				
12	商品安排				
13	费用预算				
14	组织结构				
15	动员大会				
16	培训要点				
17	激励方案				
18	陈列要素				
19	目标跟进				
20	现场管控				
21	效果评估方法				
22	总结与分析				

第一项，促销目的。您的目的可以是处理库存、新品上市、回馈老顾客或是资金回笼、打击竞争对手、品牌宣传、提升销售业绩等。您的促销方案设计要项是什么，可以填入这个表中。

第二项，促销的对象。您的促销对象可以是VIP专场顾客、流动顾客、异业联盟或是综合性的顾客等。

第三项，目标的设定。首先是销售额的目标设定；其次是品类目标的设定；最后是技术目标的设定，请大家注意，目标可分为结果性目标和过程性目标。

第四项，活动的主题。您的活动主题可以多种多样，比如，特卖会、购物节、新品购、答谢会、沙龙会、抢购会等，这里再次提醒您，您的活动主题要淡化商业目的，要亲民。

第五项，促销时间。您的促销时间设定应该考虑的是：在什么时间点开始活动和活动的周期有多长。请大家注意，促销的时间可以通过销售目标、商品的折扣、预期的连带率计算出来，依据结算的结果反推方案的合理性。

第六项，促销的地点。外场地点的选择，要提前跟城管打招呼。

第七项，促销前期准备。促销前期要做调研工作，要调研竞争对手的商品、价格、方案，此外还有人员准备、物资准备等。

第八项，促销活动的方案。这里面有很多种方案，比如，买产品送优惠、买产品送服务、不买也送、送代金券、优惠卡、积分抵现等等，这里需要提醒大家最重要的一点，就是要做创意促销，因为之前所讲的方案只是满足消费者对于实惠的要求，而创意促销才是差异化竞争的核心。

第九项，促销要点。促销的要点包括：实惠、让消费者参与、刺激、新颖、让消费者去传播。

第十项，宣传的方式。前面讲过了四大类宣传的方式，包括：实体广告、电子广告、媒体广告和口碑传播。

第十一项，宣传口号。在做活动当中，您的口号要新颖，要有乐趣，容易传播，有亮点，有卖点。这个口号，要依据您的方案进行提炼。

第十二项，商品的安排。要依据每个季节、每个时间段以及您本次促销的目的来合理规划您的商品的安排。

第十三项，费用的预算。从物料、人员、公关、宣传、礼品、交通费、场地费、杂费等各个方面，都要有所预估，最后评估的时候才能够清楚知道活动的经费占到总销售额比重是多少。

第十四项，组织结构。在大型促销方案中，要明确人员工作，比如，大店长、店长助理、场内主管、场外主管、商品组、陈列组、推广组、物资组、后勤组、宣传组、迎宾组、销售组、统计组、喊麦组等。一个好的组织结构，对于销售效果会起到很好的促进作用。

第十五项，动员大会。组织机构设置好以后，分工和目标都已经确定，节点的管控、激励方案都已经落实到位了，这时，还要做前期的动员大会。这样做的目的就是把所有人员都激励起来，让大家全力以赴完成设定的目标，这个方案的执行力才能到位。

第十六项，培训要点。从销售目标的培训、商品的培训、陈列的培训、宣传方式的培训、内容的培训、安全的培训、激励的培训、邀约话术的培训、销售话术的培训、现场氛围营造的培训和人员之间配合的培训等各个方面，都要做到位。

第十七项，激励方案。在促销活动之前，就要讲清楚激励的方案内容、奖励的方式是什么，要让店员做到心中有数同时懂得如何计算，才能够更好地为目标而努力。

第十八项，陈列要素。陈列要素要考虑到很多方面，比如，橱窗、店内、店外、商品的安排、补货等。

第十九项，目标跟进。也就是团队目标、个人目标、当日目标、实销目标、商品的品类目标，要做好这些目标的跟进工作，时刻通报给店员，让大家实时知道自己完成目标的情况，这样可以调动积极性，尽快达成目标。

第二十项，现场管控。店长或负责人要做好现场的管控工作，从货品、人员、氛围、现金、安全、舞蹈、音乐、喊麦、零钞、赠品、抽奖区销售区人员的调整、货品的调整、实到目标的跟进、补货、场内管理、场外管理、员工状态管理、士气的激励、时段的会议、现场的其他管理等各方面，工作都要做好。

第二十一项，效果评估方法。效果评估方法，在后面的章节中，我会给大家介绍，比如，投入产出比方法、销量增量回报比方法、效益增量回报比、单位成本评估法等，大家可以利用这几种方法来综合评估促销方案的效果。

第二十二项，总结分析。也就是说，在做完活动之后，我们要对达成或者没有完成的目标做总结，找出问题症结所在、好的地方在哪里、需要支持的地方在哪里、整体的评估绩效如何，在下一次活动方案中，我们的人员、货品应该如何调整。这就要求我们在活动结束后不断总结、调整、改进，最终让我们的方案达到的效果越来越好。

这就是一个综合表，大家要把前面学到的知识全面运用其中，相信对您的策划方案很有帮助。

接下来，为大家分享主题案例。

案例1：新店开业

这是江西的一个男装品牌，120平方米的门店，开业当天，销售额达到了36万元，我们的活动内容是：

1.真人模仿秀，现场点赞最多的，可以免费拿走模特身上的爆款。

2.提前充值，充值1000元，送1000元，要提前交定金300元，活动当天再交700元，就可以当场得到2000元。

3.充值1000元，或购买600元以上的顾客，可以砸金蛋，金蛋里有黄金、爱马仕皮带、LV的钱包。

4.现场摇一摇抢红包，红包包括现金、抵用券等。

5.组团3人拼单8件以上，在原有活动基础上，再享9折，此外每个人都可以砸金蛋1次。

6.模特款，原价1180元，秒杀价118元。

以上就是6个活动的内容，我通过在门店门口铺设带有LOGO标志和活动奖图案的红地毯的方式进行宣传，最终达到了很好的效果。

备注：各品牌要依据门店产品的吊牌价、平均折扣、连带率进行预算客单价，然后推算出成交人数和进店人数。

案例 2：以提升业绩为目的的促销活动方案

在这个方案中，涉及的活动内容有：试试您的运气，1 元抢购任一新品，也就是说在活动日期内，进店的顾客，可以挑选自己喜欢的产品，然后转转盘，如果转到“1 元”标志的，即可 1 元拿走产品，在转盘上，除了 1 元标志外，还有 6 折抵用券、7 折抵用券、8 折抵用券，没有转到 1 元的，可以用抵用券的方式进行折算；对于不买产品的顾客，可以参与转转盘，现场发放抵用券。

通过这一章节的讲解，我给大家总结了一个“终端促销的九大要诀”，请大家一定要牢记。

第一要诀，锁定目标消费者。

第二要诀，促销目的和主题要明确。

第三要诀，促销前要做充分的调研准备、计划和管控。

第四要诀，创意促销必须满足五要素，组合拳出奇制胜。

第五要诀，促销不要怕麻烦，但要方便简单、可操作性强。

第六要诀，超越竞争对手，不断创新，让消费者玩得开心。

第七要诀，促销要 99% 的心意 +1% 的创意。

第八要诀，促销要整合资源，结果要评估，效果要无限放大。

第九要诀，促销必须符合“24569 策略”:2 大核心、4 大模块、5 大要素、6 大指标、9 字口诀。

电商促销：玩转互联网 + 促销

促销策略一：节日，电商促销的最佳借口

节日促销是指商家针对某些特定含义的节日，利用消费者的节日消费心理而实施的促销活动。节日促销也由于其消费的集中性和规模性等特点，历来被商家认为是“黄金销售时机”，受到广大商家的热捧，成为商家促销的有力武器。

随着互联网的高速发展，近年来，网络市场的扩大和网民人数的增加使得电商逐渐成为市场的主力军。同时，节日也成为电商最有力的促销武器。除了各种传统的节日外，电商还自创了自己的节日。从天猫的“双十一”、淘宝的“双十二”到京东的“618”、苏宁的“818”，无疑给电商找到了更多的促销借口，掀起一波又一波的网购热潮。

天猫的“双十一”无疑是电商创造节日的典范。双“十一”的由来是淘宝商城想做一个属于自己的节日，既能区别于传统节日，又能让大家记住淘宝商城。

当时，市场在经历过十一黄金周的疯狂热销以后，逐渐开始降温。传统的节日促销已经成为实体店商家的必争之地。在传统节日里，电商

即使和实体店同时开展促销活动，也不能脱颖而出。所以，淘宝商城决定创造一个属于电商的节日。

淘宝商城经过深入的调查和研究，最终确定利用“双十一”这个所谓的光棍节作为淘宝商城自己的节日。当时他们选择“双十一”有三个方面的考虑：一方面，11 月季节变化快，正是换季的时候，消费者需要添置换季所需的物品；另一方面，10 月有个黄金周，12 月有个圣诞节，而且都是比较大的消费节点，唯独 11 月没有节日；最后一个是因为 11 月 11 日比较容易被记住。所以，“双十一”消费者既有需求，又容易记住，最终被淘宝商城选为电商节。

2009 年，当时还叫淘宝商城的天猫开始了它的第一个“双十一”网购狂欢节，销售额就超过了 5000 万元。

2010 年，淘宝商城“双十一”网购狂欢节销售额提高到了 9.36 亿元。

2011 年，正式命名为天猫商城的“双十一”网购狂欢节的销售额已跃升到 33.6 亿元。

2012 年，天猫“双十一”网购狂欢节当天的销售额就实现了 191 亿元。

2013 年，天猫“双十一”网购狂欢节突破 1 亿元只用了 55 秒，凌晨 5 点 49 分阿里交易就突破了 100 亿元，最终全天销售额突破了 350 亿元。

2014 年，天猫“双十一”购物狂欢节销售额开场 38 分 28 秒就突破 100 亿元，13 时 31 分突破 362 亿元大关打破了 2013 年的销售纪录。最终，全天销售额 571 亿元。

2015 年，天猫“双十一”网购狂欢节仅阿里巴巴平台交易额就达到了 912 亿元，创造了零售商单日销售额的神话，远远超过美国的“黑色星期五”。

2015 年，由冯小刚担任总导演，天猫和湖南卫视联袂推出的“天猫 2015 年双十一狂欢夜”晚会在北京国家游泳中心“水立方”举行。

从 2009 年开始，电商阿里巴巴每年 11 月 11 日举行的大型促销活动俨然成为电商促销节。同时，“双十一”也成为人们网上购物狂欢节的代名词。节日促销真正被电商所重视，各电商也都把节日促销紧紧拽在手中。

电商奉行“有节过节、无节造节”的节日促销，充分体现了节日是电商促销的最佳“借口”。天猫的成功让其他电商纷纷效仿，各个电商都把节日作为促销的最佳借口。如京东的“618”店庆销售额也在逐年增长，2014 年的销售额就达到了 25 亿元，比 2013 年的订单量增长 100%，是 2012 年订单量的 3 倍多。如今，京东“618”店庆促销俨然已经和天猫“双十一”并驾齐驱，成为又一大全民网购狂欢节。

2010 年，京东“618”促销活动形式包括：“玩游戏，得令牌”——边玩边购，乐趣多；全场“满赠，满送，加价购”“疯狂促销”“购物即返券”；“会员特惠专场”——企业用户专场、校园用户专场、各级别会员专场、令牌专场等齐齐亮相；更有“神秘促销邮件”“618 老刘月黑风高”；产品评价 2 至 10 倍积分赠送；长期全场免运费等。

2011 年的，京东促销主题是“京东 618，疯抢红六月”，活动时间涵盖整个6月，7×24小时促销不间断，京东称这是“史上最大力度疯狂满减”。

2012年，京东推出电脑数码5折起、家用电器全场秒杀4.8折起，日用百货全场让利5000万元等大力度促销活动；6月18日当天，甚至出现了2999、3999元抢购iPhone 手机的活动，引爆了果粉的激情。

2013年，京东以“回馈上亿用户的关爱”为主题，推出了全品类、大力度促销活动。

2014年，京东促销主题是“购物大趴·全品省不停”，主推京东多快好省中的“省”的概念，商品不仅琳琅满目同时优质低价。

2015年，京东以“12周年，玩大的”为主题推出了一系列促销活动。包括“全球直供、智能生活、网络金融、移动社交、全民娱乐和便利到家”六大主题狂欢，时间上从6月1日延续到6月20日。

电商的节日促销，对于电商平台来说是狂欢、激情、热闹，而对于平台上各个网店来说，却是紧张、忙乱。如何抓住电商平台制造的节日促销机遇，实现店铺业绩的突飞猛进？如何在集体促销的狂欢中，做出自己的特色，扩大店铺品牌影响力？这才是网店店主最应该考虑的问题。

我们可以将电商平台开展的节日促销活动分为三个阶段，然后针对不同阶段实施不同的活动运营管理手段，以求实现既增长业绩又提升品牌知名度的目的。

1. 活动前，准备好活动方案，做好预热

活动方案，是保证节日促销成功的核心。网店要根据自己的品牌定位、商品特点等元素，设计活动主题，但同时又不能脱离电商平台、店铺品牌、节日等特点。活动内容要和平日的单店促销活动区别开来，同时还要让消费者得到真正的实惠。否则，在浩瀚如海的电商平台上，你将很难吸引到足够的流量。促销力度的具体设定首先要根据自身的实际情况，同时还要和同行的其他商家进行对比，在控制好成本、确保利润的前提下，争取最大力度让利于消费者。

2. 活动中，及时掌握信息以便调整方案

电商节日大促的竞争激烈程度远非线下单一店铺促销可以想象。即使你已经用尽心思，做好万全的准备，也不一定在活动中取得优势，实现目标。

对于电商来说，数据是对促销效果最直接的展现。在促销活动开展过程中，店家一定要时刻紧盯着店铺的各项数据，及时掌握最新信息，然后有针对性地对促销方案进行调整。

3. 活动后，不要立即结束

并不是所有人都喜欢集体狂欢。在电商大搞节日促销的时候，有不少消费者却会躲清静，比如出门旅游、加班工作等。但这并不代表他们不网购，或者不想享受特惠价。所以，即使在电商平台的节日大促已经宣告结束，店铺的促销活动也要适当延后，把那些错过（躲过）节日狂欢的消费者引到你的店铺里来。不过，一般活动延后要控制在 3 天之内，超过 3 天会让消费者认为之前是虚假促销，从而影响店铺信誉。

全年电商促销节日一览表

月份	电商节日	促销形式
1月	1月1日 元旦	上新
	1月11日 小光棍节	
	腊八节	年货节预热
	小年	年货节
	除夕、春节	新年大促
2月	2月14日 情人节	
	元宵节	
3月	3月5日 学习雷锋纪念日	
	3月6日 采购节	
	3月7日 女生节	
	3月8日 国际妇女节	3.8尚新
	3月12日 植树节	
	3月14日 白色情人节	
	3月15日 国际消费者权益日	
	3月21日	阿里大促
4月	4月1日 愚人节	
	清明节	

（续表）

月份	电商节日	促销形式
5 月	5 月 1 日 劳动节	
	5 月 4 日 青年节	
	母亲节	
	5 月 17 日 吃货节	
	5 月 18 日 理财节	
	5 月 20 日 网络情人节	
6 月	6 月 1 日 儿童节	
	6 月 7 日 高考	
	端午节	
	父亲节	
	6 月 18 日	京东 618 天猫粉丝狂欢节
	6 月 26 日	天猫年中大促
7 月	七夕情人节	
8 月	8 月 3 日 男人节	
	8 月 8 日 爸爸节	
	8 月 18 日	苏宁周年庆

（续表）

月份	电商节日	促销形式
9月	9月4日 备货节	
	9月10日 教师节	
	9月12日 示爱节	
	中秋节	
10月	10月1日 国庆节	
	重阳节	
11月	11月11日 光棍节	“双十一”网购狂欢节
	11月18日 阿里大促	
	感恩节	
12月	12月12日	“双十二”购物节
	圣诞节	

促销策略二：包邮虽小，效果却大

包邮简单地说就是消费者在购买商品时候只需要支付商品的费用，不需要支付商品的邮费，商品的邮费由商家承担。随着快递费用的不断增长，“包邮”俨然成为电商广泛采取的低成本促销策略之一。

我们都有这样的网购体验，在进行网上购物的时候，更偏向于选择包邮的商品。比如，我们看上了两件不同的商品，都很喜欢，一个包邮，一个不包邮，最后我们肯定更偏向于包邮的那件；同样的商品、同样的价格，我们肯定选择包邮的商家。我的孩子每次在购物时，都会看一下是否包邮，或者看金额是否达到了包邮的条件。这就是消费者的心理表现。那么，为什么包邮在网络销售和购物中起到如此重要的作用？

1. 增加消费者的认同感

从消费者的消费心理来说，他们在选择一个商品的时候，不仅仅注重商品的价值，还注重选择服务更好的商家。包邮无疑是打消消费者顾虑的最好方式，它不仅减少了消费者在购物过程中，特别是网购摸不到真实商品时候的各种顾虑，还可以让消费者认为商家竟然敢于打出“包邮”的口号，肯定比不包邮的商家售后服务好。

小丽是一个购物达人，她家里的东西从电器、家具到柴米油盐，几乎都是从网上购买的。多次的网上购物体验她总结出了一些自己的心得体会：网上购物，首选包邮。朋友问她为什么。她说这是多年购物的经验总结，并给朋友举了其中的一个例子。

有一次，她准备在网上购买一套沙发，经过筛选，最后她锁定了两家店铺。一家店铺的沙发价格是 4500 元，不包邮，运费 300 元；另一家店铺的沙发价格是 4800 元，包邮。她当时认为反正总共支付的钱都是一样的，就没怎么考虑，选择了不包邮的那家店铺。结果，沙发送到家以后，发现有一个角出现了破损。她就找到商家处理这个问题。商家最终给了两种解决方案：退货可以，但是要求她承担商品的运费以及退货费用；

不退货给予她200元的补偿，让她自己找人修理一下。最后，她还是选择了退货，沙发没买到还损失了600元的运费。

退货以后，她又从包邮的那家买了同样的一套沙发，同样支付了4800元。不巧的是，沙发收到以后也发生了小的意外，在运输的过程中也发生了摩擦，出现了破损，但是没有上一次的严重。她同样找到了商家处理。商家也给了她两种选择：第一种选择是换货，商家承担全部运费，并为她不能及时使用道歉；第二种选择是商家联系人帮助修理，并免费赠送一套茶几作为补偿。

她说，从这两次的购物体验中她总结出了一个道理，包邮的商铺肯定服务态度是比较好的。这就是她网上购物首选包邮的原因所在。

2. 增加消费者好评

电商都有一个困扰，就是退换货率相对较高。虽然退货的原因各种各样，但是如果商家不包邮，消费者购买商品后退换货就会产生一定的物流费用，特别是对于退货的消费者，他们会感觉钱花了东西没买到。在这样的情况下，消费者在对商品进行评价的时候就很可能有一些不好的评论。如果商家包邮，对于消费者来说虽然商品和自己的预期不一样，或者商家的宣传和实际情况不符，没有买到自己喜欢的东西，但是也没有损失，反而商家损失了一部分的物流费用，最后肯定不会给予商家负面的评价。

有一家电商对自己的商品做过这样一个试验，把某一种商品在不同的时期采取包邮和不包邮两种策略；第一阶段，商品价格是200元，运费 10 元；第二阶段，商品价格 210 元，包邮。

最后，试验的结果显示，包邮和不包邮的两个时间段，消费者的评价完全不同。包邮时间段，这种商品的好评率达到 98%。不包邮的时间段，商品的好评率才 86%。其实，两个时间段的商品是一样的，价格总额也是一样的，但是好评率完全不同。

这家店铺对这一现象做了一个调查。原因是商品在出售的过程中会有一定的退换货发生，不包邮产生的差评大多数是来自于退换货的消费者，而且大多数都是对商品的负面评价。包邮时虽然也有一定的退换货，但是几乎没有差评，即使因为商品的原因，最后消费者也会给予商家服务比较好的评价。

所以，在商品价格和物流费用之和为固定值时，包邮更能增加消费者的购买意向。

3. 增加店铺竞争力

在其他影响因素相同的情况下，同样的商品，别的商家包邮，你的不包邮肯定不会比别的商家的销量高。

李先生拿到了一个产品的网络代理权，在某网络购物平台开设了一家店铺。因为他的商品是知名品牌，利润率比较低，所以没有和别的店铺一样实行包邮的策略。最后，他却发现自己的店铺无论是淡季还是旺季业绩都表现平平，即使偶尔进行打折促销也没有明显的销量提升。

有一天，他的一个朋友建议他另外注册一个店铺，也就是俗称的小号，和别的店铺一样实行包邮的策略。店铺开业没有多久，销售业绩就出现了明显的提升，三个月不到就超过了原先经营三年的店铺的同期销量。

他一开始认为是新店铺抢了老店铺的客户，所以才出现了销量增长的情况。但是，他调出后台数据以后才发现，原来的店铺销量与同期相比并没有减少多少。

他的朋友告诉他，因为包邮使得他的商品相比于其他品牌同类商品的竞争力提高了，所以才会出现两家店铺销售总量出现明显提升的现象。

最后，他在两家店铺都实施了包邮策略，不仅新店的销量没有减少，老店的销量也得到了非常大的提高。

从消费者的角度考虑，包邮既能打消他们的顾虑，从心理上增加认可感，又能影响到其购买意向。从商家角度来说，包邮虽然利润少了，但是可以提高自己商品的竞争力，带来更多的销量。所以，无论是从消费者的角度出发，还是站在商家的角度考虑，包邮既能提升电商的销量，同时又能满足消费者的购物心理需求。

促销策略三：秒杀绝对是个利器

秒杀，是指电商在某一特定的时间进行超低价抢购的一种促销方式。换句话说，电商为了宣传、促销等目的，开展的一项数量有限的抢购活动，而这个活动往往一上架在几秒内就被抢购一空，所以被称为秒杀。

显而易见，秒杀都是以超低价格来实现商品促销的，对于消费者来说，低廉的价格是他们追求秒杀的根本所在。但是，对于电商来说，秒杀无疑是亏本赚吆喝的买卖，既然是赔本买卖，秒杀对于电商来说到底有着什么样的意义呢?

1. 快速提高知名度

因为秒杀能让消费者付出比平时低很多的价格购到自己需要的商品，所以参与的消费者数量将非常庞大，对于一些知名度不高的电商来说，无疑是快速提高知名度非常好的方式。

我们都知道，一个商品销量能不能上去首先取决于它的客流量。也就是说，首先你得让消费者了解你，进而才能变成你的客户。如果消费者都不知道有这么一个商家以及商品，你的东西再好、价格再优惠，别人看不到也买不到。

线下的实体店还有一个门面，总有那么些人从门口经过，它的知名度也会随着人流量累积慢慢增加。但是，对于电商来说，如果不进行一系列的推广，网民很难发现你的存在。所以，秒杀活动无疑是提高电商知名度最快速的方法。

董小姐有一家线下童装实体店，生意非常火爆，为了跟互联网接轨，3 月份的时候在网络购物平台也开了一家店铺。她家的童装由于质量好等原因，相对来说价格比一般的童装要高一点。所以，网店开业半年以来销量一直不好。

一天她从秒杀平台看到一些和自己一样做童装的网店销量非常高。她就试着也拿出了一款童装做秒杀活动。没想到，刚上架没多久就吸引了上万人的关注，最终参与人数竟然达到了 2 万多。

从那以后，她就每隔一段时间拿出一款童装做秒杀活动。经过两个月的秒杀活动，她的网店知名度迅速提高，她的店铺现在的会员都超过了 5000 人。

2. 清理商品库存

电商在运营的过程中难免会出现一些商品积压的情况，而这些积压的商品大多数会因为时间的问题过时或者变质，如何处理这些积压的商品也是电商在经营过程中的一大难题。一些知名的品牌，因为有着一定的客户基础和知名度，通过打折、买赠等一些促销手段也能实现库存的清理。但是对于一些知名度不高的商品，本身客户基础就不是很好，即使采用打折、买赠等一些手段也不足以短时间内给他们带来那么多的客流量，就更别提清理库存了。因此，在这样的情况下，秒杀无疑可彻底解决这一难题。

高先生在某网络购物平台上开了一家女装专卖店，在即将进入夏季的时候，他的两款春装上衣由于各种原因出现了 2000 件库存积压的情况。一是考虑到库存会导致资金的闲置，给下面的经营带来资金压力；二是考虑到女装新款更新比较快，容易过时，他就把这两款春装做了秒杀活动，刚上架就被抢购一空。

高先生事后感慨道，这次秒杀活动让他亏了 2 万多块钱，但是却给他减少了库存积压带来的很多未知风险。对于秒杀活动，高先生还是比较认可的，他说："秒杀虽然在短期内看是做了一次亏本买卖，但是从长远来看未必就真的吃亏。消费者得到了实惠，我们也清理了库存，对双方都有好处，从这一角度来说是双赢。”

3. 为电商提供更多销售机会

由于秒杀的价格优惠幅度比较大，现在很多消费者都热衷于参加秒杀商品的活动。这样就可以给电商带来非常高的关注度，瞬间就能聚集到很高的人气，给电商带来足够的客流量。同时，消费者在等待秒杀商品的时候，偶尔也会顺带逛逛商家的店铺。消费者进入店铺就给店铺创造了销售的机会，促成交易就变得容易多了，通过这种点击率转化为实际成交的例子是非常多的。

李女士是一个热衷于参加秒杀活动的电商。关于秒杀，她有着自己独到的看法，每次参加秒杀活动，活动结束以后都会给自己的店铺带来很大的销量。她说，每次秒杀活动结束以后，她都会关注参加秒杀商品活动但是没有秒杀到的目标消费者。然后，她就会主动出击跟这些目标消费者联系，具体了解他们的购买意向。对于那些意向非常大的消费者，她会把秒杀结束的那款商品给予一定的折扣推销给他们。效果是显而易见的，每次都有不错的成交量，最好的一次是她拿出 20 件商品参加秒杀活动，最后却完成了 500 件的成交量。

总之，秒杀既能在短时间内快速提高电商的知名度，又能在电商出现货品积压的情况下迅速清理库存，同时，秒杀还能给电商带来更大的流量收入，创造更多的成交机会。所以，秒杀可谓是电商的绝对利器。

促销策略四：附加值，给顾客一个理由

商品的附加值是指，在商品原有价值的基础上，通过优惠、服务、品牌塑造等手段使商品得到较大的增值，树立商家的良好形象，从而达到吸引消费者购买，刺激他们重复购买的目的。通俗地讲，就是商家通过一些促销手段告诉消费者自己的商品物超所值，消费者购买商品的同时还会得到商家提供的附加产品和服务。附加值说白了，就是商家给消费者购买商品的一个理由，让消费者做出成交决定的一个推动。

我们从网上购物，收到商品的时候会发现商家在邮寄商品的同时会夹寄一些设计精美的卡片，卡片上大多印有一些广告语、感谢信和商家的二维码等，还有的会印上品牌故事。在卡片的显著位置一般都会标注有“好评返现 × 元”“邀请有礼”等字样。其实，这些就是商家所做的附加值促销。

附加值促销的方法很多，大多通过商家的赠送礼品、服务以及承诺等方式来实现，一般包括服务、口碑、榜单排名、讲故事、承诺和品牌塑造等。

1. 服务

附加服务一般包括售前的免费咨询、免费培训、免费使用，售后的免费送货、安装、退换货等。很早以前商家就明白一个道理，卖商品其实就是卖服务，服务跟不上，商品再好也白搭。人们都有这样的体验，如果我们在购买一件商品的时候，销售人员一问三不知，我们就是再喜

欢这件商品也不会购买。因为不注重服务的商家，商品是绝对不会好到哪里去的。所以，无论是实体店商家还是网络电商，服务肯定是商品的最大附加价值。同样的一件商品，你的服务做得好，你的商品的附加价值就更高，消费者就更愿意从你的手里购买。

2. 口碑

客户的评价是电商赖以生存的保障，所以电商对口碑的重视程度不亚于商品的质量。我们都知道，网购商品是摸不到的，一般消费者在购买之前最关注的就是商品的评价，商品的口碑越好，成交的机会越大。聚美优品在口碑促销方面做得就非常好。在聚美优品的商品介绍中，用户口碑是非常关键的一个点。

3. 榜单排名

从消费者的从众心理来说，榜单排名无疑给消费者提供了一个很好的成交理由。在人们对一件商品了解不太清楚，难以做出抉择的时候，榜单排名会帮助他们做出选择。消费者在看到榜单排名的时候，会主观的认为那么多人买的商品肯定不会差到哪里去。所以，榜单排名可以帮助电商刺激消费者购买的欲望，起到促进成交的作用。三只松鼠就是很好的利用榜单排名进行促销的案例，在其店铺首页，“根据淘宝数据魔方 2015 年度权威统计——全网坚果销量第 1”的宣传语，直接向消费者传递其实力，刺激消费者的购买欲望。

4. 讲故事，塑造品牌

大家都知道，一个成功的品牌背后肯定有着很多感人至深的故事，没有故事就没有品牌。也正是因为这些广为流传的品牌故事，商家才能紧紧抓住消费者的神经和消费者产生感情的共鸣，让消费者乐意“从一而终”。所以，品牌故事可以帮助电商赢得客户的忠诚。

5. 承诺

承诺是电商在商品没有成交之前给予消费者一些保证。承诺在很大程度上可以打消消费者对于某些方面的顾虑。比如，“30天无理由退货”，就是告诉消费者在购买30天以内，无论是什么原因导致的退货，商家都会无理由接受。这样的承诺就很好地打消了一些消费者担心购买以后不能使用等情况无法退货的顾虑。

刘先生是一家网店的老板，他是国内第一批开网店的人群之一。他在介绍网店成功经验的时候对承诺式销售有着非常深刻的体验。他说，在他做网络购物一开始的那段时期，人们逛网店大多数都是图个新鲜，真正在网上购买的很少。

他的第一单生意就是因为承诺而成交的。那时候，他也不知道如何经营网店，只是认为只要自己的东西比实体店便宜就能卖得出去。经过一段时间的摸索，他发现，网店的人流量很大，咨询的人也不少，但是就是没有一个下单购买的。为了找到客户不愿意下单的原因，他就把所有消费者和自己聊天的记录进行了整理。他发现，大多数消费者不愿意下单的原因是只能看到商品的图片，摸不到实物，对商品的质量、售后服务等顾虑比较大。

最后，他就在自己商品的网页贴出了“7天免费换货，3天无理由退货”的承诺。承诺贴出以后，他的第一单生意很快就成交了。

从那以后，他陆续实施了各种各种的承诺，用以打消消费者的顾虑，同时也让他的网店先于别人取得了较大的业绩。在总结成功经验的时候，刘先生说：“我认为没有别的成功经验，只有一条就是让客户放心。只要客户放心了，成功是肯定会到来的。”

随着市场竞争越来越激烈，附加价值俨然成了商品的主要竞争力之一。总之，电商要想在竞争日益激烈的市场环境中屹立不倒，附加价值是商品销售中必不可少的一部分。

促销策略五：组合促销，总有一样吸引你

组合促销也叫套餐促销，是指电商把两种或两种以上的商品组合在一起或者让消费者多次购买给予其一定优惠的促销方式，它也是电商常用的一种促销手段。

从网店的促销页面我们可以看出，任何一家网店都有组合促销的方式。那么，为什么大多数的商家都实行组合促销的方式？组合促销能为商家带来哪些好处呢？

从市场的角度来说，组合促销是有一定的市场需求的。消费者对某种商品有需求的同时，还会对与这种商品相关度较高的商品有一定的需求。也就是说，消费者对套餐里的主要商品相较商家定价还有过剩的消费欲望。比如，消费者对面霜有需求，那么他对洗面奶肯定也是有需求的；

消费者想买一个汉堡，肯定对饮料也有需求。

我们都知道，电信运营商是组合促销的最大商家。比如，你平时每个月的通话时间大概是1000分钟，话费为100元。现在你需要开通移动数据服务，500M的每月需要50元、100M的需要20元。你的需要是开通一个100M的数据包。但是，商家告诉你，现在有个128元的套餐，通话时间1000分钟，赠送流量500M。最后，你肯定开了一个128元的套餐，因为你感觉到如果分开开通需要150元，而套餐价才128元，省了22元，开通套餐肯定是赚到了。

从电商的角度来说，把几种商品绑在一起套餐促销带来的好处是更加明显的。首先，组合促销对于电商来说，成交一单卖出去的就不是一件商品，而是两件或者两件以上的商品，这样电商的销售数量就会得到成倍提升；其次，电商把不同的商品绑在一起促销，店铺卖出一种商品的同时，顺带着就卖出了另一种或几种商品，进而提高了店铺的购买转化率；再次，电商把两种或者两种以上的商品绑在一起促销，客户关注的就是两种或两种以上的商品，增加了商品的曝光力度；最后，电商把热销的商品和滞销的商品绑在一起促销，可以有效清除由于滞销商品带来的仓库积压。同时，组合促销把原先两倍或两倍以上的工作量变成一倍的工作量，可以给电商节约一部分人工成本。

所以，组合促销对于消费者和电商来说都是双赢的选择。那么，组合促销又有哪些形式呢？

1. 搭配销售。我们在前面章节已经着重讲过搭配促销。它是把两种或者两种以上的相关性较高的商品搭配在一起，给消费者一定的优惠而进行的销售。

某服饰店进行搭配促销，A 款上衣的标价是 200 元，打 7 折；B 款裤子的标价是 260 元，打 7 折；A 款上衣和 B 款裤子搭配购买全部打 5 折，只需要 230 元，比单件购买两件商品省 92 元。

搭配促销适用于两种或两种以上的商品搭配一起使用才能满足消费者的某些需求。比如，服饰类的上衣、裤子、皮带、袜子和鞋子，餐具中的碗和筷子，沙发和茶几，手提包和钱包……

2. 捆绑销售。捆绑销售是指电商把两件或者两件以上的商品以一件商品的价格进行销售。最常用的方式是买 A 送 B，加一元送一件等。

某电商在“双十一”期间做促销，为了消化滞销商品库存，准备采用捆绑促销的方式。把一些热销的商品放在 A 区，不太好卖的商品放在 B 区，滞销的商品放在 C 区。消费者在购买 A 区商品的时候有两种选择，第一种，选购 A 区商品，加 1 元任选 B 区商品一件，也就是说消费者只需要付一件 A 区商品的钱加 1 元就可以同时得到这件 A 区商品和 B 区任意一件商品。第二种选择，选购 A 区商品，免费赠送 C 区商品一件，也就说消费者只需要付一件 A 区商品的钱就可以同时得到这件 A 区商品和任意一件 C 区商品。

3. 多件促销。多件销售是指商家对于消费者一次购买两件或者两件以上的同款商品做出的优惠活动。例如，同一款商品，购买首件全价；一次性购买两件，第二件半价；一次性购买三件免一件。

商家在选择多件促销的时候一定要注意，选择促销的商品必须是消费者生活中需要一次使用多件或者消耗性的商品。比如，收纳袋、凳子、灯具等多件组合使用的商品；垃圾袋、食品等消耗性商品……

对一些耐用品或者单独使用物品，如果做多件促销的效果肯定不是很好的。假如你是一个厨房电器电商，你拿出一款抽油烟机告诉消费者一次性购买两件，第二件半价。像这种消费者只需要购买一件就能够满足十年以上生活所需的商品，你却一次性要求购买两件，消费者就有可能认为你的商品质量存在问题，促销就失去了意义。

电商在做组合促销活动的时候也必须遵循一定的原则，不能随心所欲，要趋利避害，努力消除组合促销存在的负面因素。

1. 诚实守信，不能投机取巧。有的商家做组合促销的时候，故意把原先的单价提高，最后组合优惠以后有可能比原先的单件购买还要贵，这就存在欺诈的行为，一旦暴露，给商家带来的将是非常恶劣的影响。即使一时不被发现，商家如果抱着这样的心态经营，最终也必然会在激烈的市场竞争中被淘汰。

2. 商品组合要科学、合理。组合在一起的商品要有相关性，不能只根据自己的需求来进行组合。同时，商品的组合要有一定的选择范围，不能非要把A和B绑在一起，C和D绑在一起，也可以把A和C绑在一起，B和D绑在一起。比如，商家为了消化库存，强制把没有任何相关性的热销商品和滞销商品组合在一起销售，就会给消费者一种强制推销的感觉。所以，电商在进行商品组合的时候一定要仔细研究它们之间的相关性，对其进行科学、合理的组合，使消费者购买组合促销商品时不要有抵触心理。

3. 组合商品同样享受售后服务。有些电商在组合商品出现质量等问题的时候以商品是组合购买为由不提供售后。比如，购买 A 商品赠送 B 商品，某些电商只提供 A 商品的售后，由于 B 商品是赠送商品，不享受售后。这样，消费者就会认为 B 商品本来就是假冒伪劣产品，不仅对商品的销售有影响，还会让商家的信誉大打折扣，直接影响商家后期的销售。

综上所述，组合促销无论是给消费者带来实惠还是帮助商家解决库存、促进销量，都是电商最有力的促销手段之一。

促销策略六：有回报，也有奖励

我们都知道，想要某人帮助自己做一件事是需要给予一定的奖励，如果想要再次得到他的帮助，肯定要给予他第一次帮助一定的回报。只有这样，人与人之间才能建立持久的关系。对于电商和消费者之间的关系也是这样的，在成交之前电商需要对消费者给予一定的鼓励措施，成交之后也需要给予消费者一定的回报，只有这样才能和消费者建立稳定、持久的合作关系。

我们在网店经常看到商家进行一些这样的促销活动，免费试用、免单、优惠券、抽取幸运顾客、收藏有礼、团购、满 X 元减 Y 元等等，这些就是电商针对消费者售前和售后所实施的一系列促销手段。奖励促销和回报促销是电商售前和售后采取的鼓励消费者购买和刺激消费者重复购买的促销手段。

1. 奖励促销

奖励促销最主要的目的是售前鼓励客户购买，包括抽奖、互动和优惠券三种方式。

（1）抽奖。传统的实体店进行促销活动，为了提高促销活动的人气，首先会在店铺门口搭一个舞台，在舞台上做一些娱乐性的演出等。在演出节目的中间会穿插一些抽奖活动，比如设置一些奖项，送一些小礼品或者促销的商品等。有的活动也会抽取一些幸运顾客，送出大奖，比如一些商家设置的第 10 位、50 位、100 位、200 位顾客为幸运顾客，可以得到非常丰厚的奖励。

现在一些电商也推出了抽奖促销，在店铺的首页放上一个抽奖轮盘，里面放一些奖品或者打折券等。消费者点击抽奖转盘就会抽到相应的奖项，如果抽到打折券就可以在接下来的购物中直接使用。这种方式可以让消费者得到鼓励，让消费者感觉自己是幸运的，然后就会把这种幸运转换成购买的动力。

（2）互动。所谓互动，就是让电商和消费者双方都动起来。互动式促销的前提是考虑消费者的实际需求，在消费者的需求没有得到满足之前给予一定的鼓励和引导。电商互动式促销最主要的表现形式为签到有礼、收藏有礼等。签到有礼和收藏有礼都是针对有需求的顾客，也就是说顾客有需求了就会点击电商的商品页，但是由于各种原因导致没有当时成交。这时，电商为了抓住潜在客户，就可以采用签到有礼或者收藏有礼的促销手段，让这些潜在客户由于这些优惠做出成交的决定。

（3）优惠券。大多数网民都知道，很多电商会在店铺的首页放上优惠券、抵价券、现金券等，告诉消费者这些券在购买商品时候可以直接使用，以达到鼓励消费者购买的目的。

2. 回报促销

回报促销主要是针对已经成交的客户，让这些消费者成交以后也能得到实惠，售后刺激他们二次购买。回报促销包括免费、返利和拼单折扣等三种方式。

（1）免费。免费是电商上架了新的商品，为了刺激老客户购买而提供的免费试用和免单等促销方式。

免费试用或免单能够降低消费者的购物风险，特别是购买新商品的风险，这样消费者就敢于大胆尝试接触产品。参与免费试用的消费者在使用的过程中就可以发现商品的价值所在，继而就会给电商带来销量。这种方式也可以称为互动免费，就是在消费者受益的同时，也间接成为商品广告的代言人。

这种方式一般用于推广新商品的商家以及处理滞销商品的清理库存等。比如，某电商上了一款新商品，想要打开销路，但是消费者又没有接触过这类产品、不知道它的价值。这时，电商可以推荐一些老客户免费试用，然后对商品进行评价，这些评价将是后面顾客的参考依据。老客户试用好了也会再次购买，新客户也会根据评价了解商品的价值而采取购买行动。

现在，随着互联网金融的发展，许多电商也采用了伪免费的方式，也就是电商推出的零首付、分期付款的方式以促进销售。

（2）返利。返利是指返还利润。意思是说，消费者购买商品以后，电商把自己的利润返还一部分给消费者，大多数采用现金返还或者满 A 减 B 的形式。比如，消费者在某网店购买一款商品原价是 300 元，电商的促销政策是此件商品返利 60 元。那么，消费者在实付 300 元购物款下单以后，电商会以现金的方式返还给消费者 60 元。相当于消费者只花了 240 元就买到原价 300 元的商品。

我们都知道，返利促销返回的现金一般都会打到消费者在电商的账户，只有经过提现才能转到银行卡。但是，很多消费者由于怕麻烦等原因会把返利的现金留存在电商账户，用于以后的购买，这也就间接帮助电商把新客户转换成老客户。同时，电商在返现的过程中建立的客户联系资料也有利于以后的销售管理活动。

（3）拼单折扣。现在有很多的团购网站，电商拿出一些商品放在团购窗口，设定一定的数量限制，只要达到设定的消费者下单量，就会以非常优惠的价格购买到心仪的商品。团购就是拼单折扣的最常用形式，也是电商薄利多销的最常用手段。

团购对于消费者来说，不需要和商家接触，也不需要讨价还价，既能节省时间、精力，同时还能得到比打折、特价更优惠的价格。

电商采取团购的促销方式首先能极大提高单品的销量，其实只需要把折扣和价格上架就行，不需要工作人员忙于应付每一个客户，可以很大程度节省人员开支。由于参加团购的消费群体比较庞大，团购促销同时也是电商广告宣传的最佳方式。

促销策略七：好文案 + 好设计

对于既不能让顾客看到实际商品，又不能微笑地看着顾客让其感受到自己真诚服务态度的电商来说，一段段动人的文案和极具冲击力的设计，就是其销售的武器。在电商开展促销期间，更要把这武器擦亮、磨快，使其发挥出巨大的能量！

那么，在电商促销中，到底什么样的文案和设计才能达到宣传和销售两个目的呢？

首先，请时刻谨记：我是卖产品的，不是卖文笔的。

写电商促销文案绝对不能任性，不是你一拍脑门想到一个好词、好句子就是好文案。对于不能站在门口喊“大减价，大减价，走过路过不要错过”的电商来说，以文案和设计为主要元素的促销广告，如果不能在两秒钟之内吸引顾客的眼球，促成顾客点击，再美的语言、标题都没用。所以，写电商促销文案的首要条件，就是把促销活动中顾客最想知道的内容直截了当地告诉他！不要废话！不要散文那样抒情感人，也不要小说那样的唯美曲折，你要的，只是在 2 ~ 3 秒钟击中顾客的痛点和需求点，促使其点击、购买。

要想在 2 ~ 3 秒钟引起顾客注意并促成点击，就要求文案：

第一，短。最好不要超过 8 个字。一方面是海报里放不下，更重要的是字多了，没人愿意看。

第二，用顾客喜欢的语言。做电商，却不懂得使用网络流行语，绝对是一种失败。把最近最火的词语、句式放到你的文案里，本身就是一种吸引。

第三，逻辑要清晰，不要有歧义。不要以为 8 个字以内的文案就不会出现这样的低级错误，关键在于词语的选择要准确。

将自己定位在一个卖产品的，而不是一个文案或者一个广告人，是好卖家必备的素质。只有真正把自己当成一个卖产品的销售，才能真正考虑顾客最想知道的是什么，到底该如何说才能打动顾客？以顾客需求为出发点，写出的文案才是好文案。

其次，找到能够连接你和顾客的关键词。

“关键词”是网络搜索用语，原本是指希望访问者了解的产品、服务和公司等的具体名称用语。在电商文案中，关键词是最简单、最快速使你和其他店铺区别开来的手段。在写电商促销活动的宣传文案时，先找到该促销活动和目标顾客之间关联的那个关键词，然后再根据这个关键词生成句子、段落，才能写出真正能打动目标顾客的文字。

下面列举几个对一般顾客最具吸引力的关键词：

免费。免费绝对是最受顾客欢迎的词语，比如免费赠送、免费品尝、免费抽奖、免费试用等等。总之，只要文案中出现“免费”这个词，点击率绝对高。

省钱。和“免费”有异曲同工之妙。对于因为“网上比实体店便宜”而选择网上购买的消费者来说，“省钱”绝对是能瞬间刺激其消费神经的词语。如果有一个具体的数字作为“省钱”的后缀出现，往往更能吸引消费者的注意力。例如，这枚戒指为你节省 5000 元人民币。

优惠。这是促销的核心，也是顾客跟随店铺促销的核心。如果你用了优惠这个词，就不必再详细描述有哪些优惠了，因为你只是想“引导”消费者点开页面，自己去了解。例如“一大波优惠正在来袭……”这样的文案，相信大多数看到的人都不会压制内心轻轻一点的欲望。

抢。这个词的言下之意是“手慢即无”。在这种情况下，消费者一定想点开确认是不是自己想要的，以免留下遗憾。

送。对于店家“送”的东西，无论需不需要，都先收下再说。这恐怕是大多数消费者心中的真实想法。

总之，对于消费者最为关注的具有积极引导作用的词语，多用无妨。如真相、某年某月某日、感动的、不仅、秘密、后天、崭新的、惊人的、明天、新闻、今天、亲爱的、快乐的等等。

除此之外，具有限定意义的词语，也是极具吸引力的关键词。比如，大码服装店标注的“非胖勿点”对于不太好买衣服的体形偏胖的消费者具有绝对的冲击力。再比如，“限量秒杀，售完即止”同样击中了消费者“不可错过”的心理。

最后，页面设计的视觉感冲击不可少。

在读图时代，大段啰唆的文字只会引起视觉厌烦感。所以，即使你认为自己的文案写得超级好，也不要拒绝图的配合。图和文字绝佳配合，达到 1+1 ＞ 2 的效果，就是好的设计。

在宣传图的设计上，要注意以下几点：

1. 关键词要大

挖空心思才想出来的关键词，就是为了一下抓住消费者的眼球，刺激消费者点击进入活动页面，所以，在页面设计上，一定要突出关键词！一般来说，最直接的做法就是用最大的字体来突显。

此外，使用和其他文字不同的字体、颜色，对于关键词的突显也非常重要。当然，在颜色选择上，一定要以整体页面和谐为先，其次再选择能够突显关键词的颜色。

另外，在宣传图片的整体用色上也要与店铺页面的用色风格保持统一。页面为了突出宣传促销而使用了非常红火的用色，点击进到店铺却是整体素雅的感觉，这种落差很容易使消费者怀疑自己是不是“点错了”。

2. 抢眼！视觉差异化

店铺促销活动的宣传，一定要够抢眼！和同类产品的促销宣传图制造视觉差异化，才能够在第一时间抓住消费者的眼球。要制造视觉冲击力，对图片的色彩、文字排版和模特的表情动作等细节的要求非常严格。

能够抓住消费者眼球并刺激消费者点击的宣传图并不是多么华丽、

复杂，有时候甚至不需要太多的创意，只需要给消费者带来“我就需要这样的”感觉即可。

3. 真划算、超值感、紧张感

真划算、超值感、紧张感可谓是推动消费者立即点开图片下单的最后一脚。要制造这种感觉，一方面要通过文案中的关键词，如立减、巨惠、立抢、马上下单、最后 1 天 /1 个小时、仅限今天、限量、限时等限定词，另一方面要靠页面设计的构图、用色技巧。

总之，好的电商文案和页面设计，会用简单、干净的页面让消费者感觉很舒服，用简单、新颖、直接的文案和抓人眼球的图片，告知消费者“我将为你提供什么”“在我这里你将得到什么”，从而促使他们点击图片，了解促销活动详情。

促销策略八：客服是核心

客服是一家店铺为客户服务的人员总称，客服的工作就是为客户服务。我们都知道，对于一个网上店铺来说，客户看到的都是商品的一张张图片，既看不到实物也摸不到实物，对商品的实际情况无法了解，客服也是为了解决这些问题而产生的。客服最基础的工作就是解决客户的一切疑问，同时还要处理商品在销售过程中所遇到的一切问题。

另外，客服的作用不仅仅是促进销售，他还是店铺的形象代言人以及店铺和客户建立长期关系的纽带。所以，在网店的经营活动中，客服是至关重要的一个环节。

我们都知道，当店铺做促销活动的时候，销售量会大幅度提高。随着销售量的提高，各种各样的问题也会随之出现，客服的工作量无论是售前还是售后都会相应增加，如果促销活动在客服这一环节出现问题，造成的后果将是灾难性的。所以，为了保证促销活动的顺利进行，店铺要在活动准备阶段就把客服这一环节可能出现的问题扼杀在摇篮之中。

那么，应该如何保证客服不会出现问题呢？店铺要从客服分组、组织客服培训以及执行三个方面来做工作。

1. 客服分组

电商的经营不像是实体店铺上午 8 点营业、下午 5 点歇业，而是 24 小时营业的，特别是在做促销活动的时候，更是不分昼夜。但是，客服人员的精力却是有限的，不可能一个客服人员连续 24 小时或者 48 小时不休息还能保持工作效率。

所以，在做促销活动时，电商要对客服人员进行排班，分成不同的几组，实行轮班制。具体的分组原则是，根据店铺的营业时间是 24 小时制的，客服人员的工作时间是 8 小时，所以最好实行三班倒的制度。也就是把客服人员分成 3 个小组，每个小组工作 8 个小时。

在分组的过程中，同时要考虑到客服人员的工作效率，也就是说要有监督管理人员。这就要求电商给每个小组配备一个小组长，划分好组长和组员的工作职责，同时也要制定出科学的激励机制。

2. 组织客服培训

客服的培训一般包括人员素质和工作技能培训两个方面。人员素质主要讲的是客服应具备的基本能力等，这些是对客服人员的基本培训。这里，我们主要讲一下促销活动培训。促销活动培训主要包括产品知识、促销活动内容、促销话术的培训等。

（1）产品知识培训。客服人员对产品知识的掌握程度直接影响到成交率，所以，产品知识的培训尤为重要。产品知识不仅仅包括产品的用途和使用方法，还包含从生产到使用以及竞争产品等所有的信息。所以，商家对客服人员的培训要从产品的原料、工艺、功能、结构、卖点、操作、优缺点和竞品优缺点等全方位着手。要让客服人员掌握：产品是用什么做的；产品是怎么出来的；产品能给消费者带来哪些便捷；产品的外观是什么样的；产品为什么值这个价格；产品如何使用；产品的优缺点有哪些……只有这样让客服人员了解到全面的产品信息，客服人员才能在与消费者沟通的过程中知道如何介绍产品、如何回答问题、什么该说、什么不该说、强调什么、规避什么。

还要注意的一点，当消费者把你的产品和竞品进行比较的时候，客服人员要注意自己的职业操守，即使自己的产品再好，也不能去贬低竞品，只要突出自己产品的优势就行，让消费者自己去比较到底哪个产品更好。

（2）促销政策培训。促销政策是促销活动的本质，消费者也是因为促销政策才来参加商家的促销活动。所以，促销政策的培训是客服培训的重中之重。客服促销政策掌握得越好，成交率就越高。反之，成交也无从说起，还有可能给商家带来负面的影响。

（3）促销话术培训。促销话术能帮助客服人员了解到客户的真正需求所在，消除客户的所有顾虑，从客户最在意的商品特点出发，快速促成成交。所以，商家要制定一套完善的促销话术作为客服人员培训的主要内容之一。

商家在对客服进行培训时把握住以上几点，培训就会非常全面，效果就会非常好，客服的自信心越大，客服促成成交的概率就越大。

3. 客服执行监督

执行是促销活动的核心环节，客服则是电商促销活动的执行主体。即使在前期对客服做好了分组和培训，但在实际执行中也难免会出现疏漏。在活动进行中，对客服的执行工作进行监督和把控，是确保活动顺利进行并取得良好效果的关键。一般来说，在对客服执行监督中，要重点关注以下几个方面：

（1）确保临时客服信息、活动内容文档、活动注意事项文档以快捷短语自动回复准确无误。

（2）成立售前咨询、售后处理小组，并制订应急预案。

（3）制订客服活动中的催付方案及话术。

（4）制订售后退换货方案及维权投诉处理预案。

在电商的促销活动中，客服的销售技巧和服务水平将直接影响活动的效果。所以，电商在开展促销活动时，一定要把客服的分工、培训和监督放在重要位置。

促销策略九：完善的售后

我们都知道，同样的商品，电商的促销活动价格会比实体店促销活动的价格优惠很多。但是，还是有很多的消费者情愿多掏钱也要到实体店购买，特别是大件商品、贵重商品等。究其原因，是消费者对电商的售后服务还存在一些顾虑。他们认为如果出现商品质量问题，可以直接到实体店去讨个说法。但是，网店的商家分布在全国各地，看不见摸不着，而且商品还要经过一段路程的物流，一旦商品在配送过程中出现意外或者质量出现问题，维权难度较大。

小王就碰到过这样的维权难题。夏天的时候，小王在某网店购买了一台空调，但是装上没用多久就出现了制冷效果非常差的情况。

第一次他联系了网店售后，网店安排了售后服务人员上门进行维修。结果，修好还没用多久，空调又不制冷了。他只能再次联系网店售后，网店第二次安排售后人员上门维修，但是维修后还是不制冷。第二次安排的售后服务人员告诉小王，空调应该是出现了质量问题。

小王一听是出现了质量问题，意识到空调毛病比较严重。他就再次联系了网店售后，把维修人员的结论跟网店说明，并要求网店彻底解决这一情况。

这时，问题就出现了。网店告诉小王，商品出现质量问题是厂家的责任，需要和厂家联系解决。

小王非常无奈，只能联系厂家。可是厂家却说，小王所在的城市没有他们的服务中心，市场上的维修人员的诊断不能作为产品出现质量问题的依据，有可能问题是商家或者物流造成的。厂家还告诉小王，只能通过相关权威部门的检验才能确定是否为质量问题。小王只有提供了权威部门的检测结果，厂家才能给予处理。

小王再次联系网店售后，要求给出处理意见。最后网店也做出了让步，可以给小王退货，但是小王必须承担空调的送货和退货运费以及安装和拆卸费用 500 元。小王最后非常无奈地接受了这一现实，重新从实体店购买了一台空调。

上述案例虽然是个案，但是也在一定程度上说明商品质量出现问题的可能性存在，同时也反映出了电商售后存在的问题。

售后可以说是商家形象的代言，如果售后出现了问题，影响的不仅仅是当时的销量，还影响商家的信誉以及客户的心情，进而会给销售带来困难。所以，人们常说“真正的销售始于售后”，售后服务是商品的一种附加价值。售后服务质量好，商品的附加价值就能得以体现，就能够影响客户的二次购买以及带动更多的潜在客户购买。

那么，哪些因素会影响到商家的售后以及该如何完善呢？

1. 物流

电商把商品发出以后，物流出现问题是影响售后服务质量的最常见问题。从很多客户给予的差评可以看出，物流服务的质量好坏直接影响到客户对商家售后服务质量的评价。所以，物流是电商售后的关键环节，电商要时刻跟进物流信息情况：比如，商品到哪儿了；有没有及时派送；没有及时派送的原因是什么；物流公司有没有出现暴力分拣的情况……

由于物流行业的迅猛发展，物流公司的监管不力，物流导致的商品损毁，客户拒收等情况越来越多。针对商品在物流过程中出现的损毁、丢失等情况，电商就需要制订出完善的处理方案。比如，商品在物流过程中丢失了该怎么处理；损坏了该怎么处理。

在制订处理方案的时候，最重要的一点原则是，物流一旦出现问题，一定要在第一时间对客户进行补偿，先让客户满意，再找快递公司理赔。

同时，针对可能出现的物流损毁情况，电商要在包装方面进行加强，要做好预防措施，要把因物流给客户带来的购物不良体验扼杀在摇篮之中。凡事“预则立，不预则废”，预防措施是成功的第一保障。

2. 商品质量

处理商品质量问题是售后的重点工作。商品质量是商家赖以生存的根本所在，出现质量问题对商家来说都是致命的危害。所以，商家要在质量上严把关、多把关。

第一关，商家要做好发货前检查工作。商品在没有出库之前，商家要对商品的质量，最重要的是外观进行检查。是否有破损，是否缺少配件，是否包装结实……

同时，商家要制定商品出库制度，以确保每一件出库的商品都质量合格，质量不合格的商品严禁出库。

第二关，商品一旦出现问题，处理要及时。任何商品都有不合格率，也就是没有商品能保证百分之百的质量合格。当然，还有上面讲过的因为物流出现的商品质量问题等。商家一旦接到质量不合格的投诉，要解决的不仅是商品退换的问题，更重要的是客户的情绪问题。首先，商家接到质量投诉第一时间要安抚客户的情绪，然后才是心平气和处理问题。处理问题的时候要本着留住客户的原则，先征询客户的意见，对待退换货要像销售商品时一样热情，同时还要为给客户带来的不便给予精神或者物质的补偿。

3. 仓库发错货

仓库在进行配货的时候难免会因为一些工作的疏忽导致商品少发或者发错的现象发生。当商家遇到此类问题是，售后要本着即使不是自己的责任也要吃小亏的心态处理。这种情况一般处理的过程是：首先，为工作人员的失误向客户道歉，然后请求客户把发错的商品退回来再重新补发并承担所有的运费，对于少发的商品给予及时补发；其次，对于一些因为不良的购物体验而情绪不好的客户，商家要给予一定的补偿，比如答应在补发的同时赠送一些小礼品等。

售后服务是一个双刃剑，做得好可以给商家带来意想不到的惊喜，做得不好也会给商家带来意料不到的灾难。总之，完善售后服务要从商品出库前的检查、包装，物流上下功夫，确保客户能够获得好的购物体验，同时要建立危机处理方案，尽量把售后问题带来的不良影响降到最低。

第四章
炒作促销：要么借话题，要么造话题

- 炒作促销，炒人气更炒销量
- 收集资料：让人气转为客源
- 成本控制：少花钱，多办事
- 借势造势：一切都是可以靠借的
- 体验促销：让顾客参与到活动中来
- 社交传播：有谈资才有转发
- 软文推广：善用文字的力量

炒作促销，炒人气更炒销量

什么是炒作？《现代汉语词典》最新版本（第七版）给“炒作”一词这样的定义：为扩大人或事物的影响而通过媒体反复做夸大的宣传。那么，对于促销活动来说，炒作的目的就是为了扩大活动的影响力，提高人气。有了人气，就有了人流量。而较高的人流量就意味会有较高的客流量和成交量。所以，对于活动促销来说，炒作表面炒的是人气，实际炒的是销量。

一次成功的炒作促销，一般包括以下几个步骤：

步骤一：策划具有热点性质的话题

对于店铺开展的炒作促销来说，无非是为了提高人气和销量。那么，还要炒作的对象就是其目标顾客群了，包括已有客户、潜在客户等。店铺必须针对其目标顾客群的特点，找到他们最为感兴趣、最爱谈论的话题方向。然后结合店铺品牌、商品，创造一个话题。否则，话题炒热了，大家却还不知道这个话题是为了店铺促销而产生的，那就得不偿失了。总之，具有热点性质的话题首先要符合目标受众的“口味”，其次要和店铺、商品相关，最后要新颖、独特。这样才能吸引目标受众的眼球，成为“话题”。

步骤二：借用媒体的力量

要想让话题广泛传播，引起人们的广泛关注和讨论，就必须借用媒体的力量。无论是传统媒体的电视、广播、报纸、杂志，还是网络媒体、自媒体，总之，一定要借用一切媒体，让话题快速发酵。

步骤三：对话题进行引导，并造势

并不是所有话题在抛出之后，都会立刻引发热议。还需要话题制造者对受众进行一定引导，使话题讨论向着预期的方向进行。当话题已经吸引受众和媒体的注意力，就要配合氛围，集中造势，扩大话题的覆盖面。

步骤四：及时追踪监控

一旦话题成为热点，其发展的方向将很难预料。尤其是在移动互联网时代，任何一个微小的言论都可能引起广泛关注和跟风。所以，炒作话题越是火热，店铺越不能放松警惕，要及时追踪话题讨论的方向，并做好监控。一旦出现特殊情况或者事先没有预料到、对炒作目标不利的情况，就要马上采取对策。

步骤五：做好跟进工作

当话题已经被炒热，影响力足够大的时候，店铺就要及时出场跟进，比如新店开业、店面升级、发布新品等。最好策划一系列线上线下的促销活动，让之前关注话题的受众都参与到店铺促销活动中，互动起来，进行二次传播，积累潜在客户，为后续销售做好准备。

最后，需要提醒的是：话题有风险，炒作须谨慎。对于炒作来说，虽然能够为店铺带来较高的人气，并在一定程度上提高商品销量。但是，人气是把双刃剑，有人追捧，就会有人诋毁，话题一旦炒热，控制不好，就极有可能出现极大的负面影响。尤其是对于一些承受力有限的小店铺来说，轻易最好不要尝试炒作促销的方式。

收集资料：让人气转为客源

在促销活动中，通过炒作积累的人气并不一定都会转化为客流。那么对于参与活动却并没有消费的人流，就必须做好收集资料的工作。让人气转化为客源。

客户资料是商家有效了解客户、分析客户、掌握客户的最根本依据。完整的客户资料可以帮助商家了解客户的需求特点，为商家下一步的经营策划提供方向。那么，该如何收集客户资料呢？有的人会说，收集客户资料是一件非常简单的事，不就是记录一下客户的姓名、电话、联系方式嘛。其实不然，一份完整的客户资料是需要有足够的信息支撑的，如果收集到的客户资料不能反映出客户的需求特点，那么这份客户资料基本上就没有任何作用。

所以，商家要想收集到有用的客户资料，就需要掌握一些技巧性的东西。

1. 制作详细的客户资料档案卡

客户资料档案卡是客户信息的有效载体。首先，商家可以通过留存客户资料档案卡了解客户、增进与客户的沟通。有了客户资料档案卡，商家可以准确地称呼客户、消除陌生感；掌握客户的兴趣爱好，投其所好、拉近距离；在合适的时候，对客户进行回访，征求客户的意见等。

其次，商家可以通过留存客户资料档案卡分析客户的不同需求，做好个性化的服务，为下一次的促销策划提供基础。有了资料档案卡，商家可以详细了解客户的购买倾向、习惯以及个人的爱好、家庭成员的消费习惯等，针对不同的客户需求，制定出不同的促销策略。

再次，商家可以通过留存客户资料档案卡充分掌握客户，防止客户流失。有了客户资料档案卡，商家可以做定期的回访，根据客户的特点赠送节日礼物等，建立长期的关系，提高客户的忠诚度。

最后，商家可以通过采用激励老客户的手段，让老客户带来新客户。老客户既是商家的顾客也是商家的形象代言人，他们带来的新客户一般信任度、忠诚度等方面都是非常高的。

客户资料档案卡的制作包括，客户的姓名、年龄、联系方式、住址等基本信息，爱好、经历、经济情况、决策影响力等联系人信息以及相关的客户价值分析信息等。

同时，在建立客户资料档案卡的时候要对不同类型的客户分类管理。对于潜在的客户，资料卡的重点要放在了解客户的需求特征、可能购买时间、地点和方式等。对于现在的客户，资料卡的重点要放在客户购买的偏向、购买的时间以及商品的试用周期等。对于已经重视购买的客户，资料卡的重点要放在停止购买的原因分析以及他们新的需求变化的跟踪记录等。

最重要的一点，商家在对客户资料档案卡的管理要遵循安全、动态维护的原则。

2. 客户资料的收集要视觉化，满足客户心理需求

商家在收集客户资料的时候，要让客户感觉到商家的这项行为对他是有好处的，要尽可能消除客户的顾虑和抵触心理。

一家店铺在收集客户资料的时候就是从满足客户心理需求出发，让顾客主动完善自己的相关资料。

凡是在促销当天进入本店的顾客，只要填写详细的客户档案，均可参加抽奖。抽中者，本年度内家庭所有成员（限表格登记内的名单）均可在生日时享受本店免费赠送的本品牌产品一件和精美礼品一份。

凡是在促销当天购买两双者，可以增加两个朋友的名单享受本店本年度内生日时赠送本品牌产品一件和精美礼品一份的服务。

凡是在促销当天购买 4 双者，另外可以增加 4 个朋友的名单享受本店本年度内生日时赠送本品牌产品一件和精美礼品一份的服务。

3. 统一培训，现场实战，现场指导

在促销活动时，现场促销人员要服装统一、行为统一、话术统一。这就需要商家在促销前期准备过程中，对促销人员统一进行培训。同时，商家要根据自己商品特点和消费人群特点，为促销人员制定一套标准的话术，并且现场进行演练，力求达到促销人员的话术和行为统一。促销人员在进行客户资料收集时经常遇到这样的问题："为什么还要填家庭人员信息？"这时，说明顾客心理已经开始设防，促销人员要做的就是打消顾客的抵触心理。对于这类比较常见的问题，商家就需要制定统一的话术。只有话术的统一，才能体现商家的行为是有原则的。

4. 周量化竞赛

量化竞赛是说商家要给收集客户资料的人员制定一定的目标，要把他们的工作量化，同时制定一个激励措施，让搜集人员充满干劲、认真负责。比如，每人最低收集 50 个客户资料，以收集客户资料的数量和质量作为评价的标准，第一名给予什么样的奖励，第二名给予什么样的奖励，第三名给予什么样的奖励……倒数第一名得到什么样的惩罚，倒数第二名得到什么样的惩罚……

5. 电话、短信服务

电话、短信是收集客户资料最省时、省力的方法。但是，电话、短信的方式由于不能面对面交流，会让人产生更多的顾虑。所以，商家如果采用这种方式收集客户资料，就需要制定一整套的话术，严格要求收集人员依照话术行动。

总之，掌握了以上收集客户资料的技巧，促销人员的收集工作会变得更加轻松、有条理化。

成本控制：少花钱，多办事

商家做促销活动的最主要目的是追逐利益，而利益是收入减去促销成本之后的余值。如果一场促销活动的成本超过了活动带来的收益，这样的活动是得不偿失的。有的店铺做完促销活动以后发现，促销活动带来的利润还没有促销活动花去的钱多，从此以后，这些店铺就陷入了两难的困境。不做促销活动吧，很有可能失去竞争力；做促销活动吧，纯属赔本赚吆喝。

这些店铺之所以陷入促销困境，最重要的一个原因就在于没有做好成本控制工作。成本控制是指商家在促销活动费用发生之前和促销活动费用发生之时，对各种影响成本的因素采取的一系列预防和调节措施，以将促销费用控制在合理的范围之内，尽量做到少花钱、多办事。

1. 做好促销成本预算

成本预算是指商家对促销活动将要产生的费用做了一个预定。成本预算的内容包括物料费用、人员成本、广告费用和其他一些必要的开支，同时还要对促销活动收益做出预测。

店铺要想做好促销成本预算，无论是物料的准备、广告的投放还是促销人员的管理都需要注意以下几项。

（1）充分考虑促销的预期收益。促销活动的预期收益是商家做促销活动的动力所在。商家对促销活动投入成本的多少在一定程度上是由预期收益决定的，如果预期收益足够大，商家愿意投入的促销成本也将随之增加。相反，如果活动预期收益非常少，甚至预期收益与成本的比例小于1，那么，促销活动也就失去它原本的意义，商家就应该考虑减少成本或者取消促销活动了。

（2）设定预期投入产出比。商家做促销活动的时候，首先考虑的是促销活动能给自己带来多少收益。也就是说，商家需要投入就有回报，而且回报要比投入的高才行。预期投入产出比就是来限定成本核算的依据。

一般来说，商家希望回报越大越好，也就是说预期投入产出比越小越好。但是，预期只是一种希望，也要根据实际情况而定，要进行科学、合理的设置。比如，同期促销活动的投入产出比是0.5，也就是产出是投入的两倍。电商预期本期能够取得更好的业绩，预期销售利润是同期的两倍。他如果还用同期的投入产出比，活动成本预算也会是同期的两倍。但是，由于市场不确定因素的影响，最后有可能销售利润还没有同期多，那么，商家就有亏本的危险。

（3）制作活动费用清单。将促销活动所需要的各项开支详细划分种类，详细核算所需物料、人力以及其他必要的开支，并制定费用预算明细清单。

制作活动费用清单，是成本预算的具体体现。商家只有制作详细的活动费用清单，才能把成本预算做得准确、详细。很多商家在做活动策划的时候把主要精力都放在了促销主题以及活动内容上面，只是大概确定一个费用范围，等到活动准备到一半的时候才发现资金不够了，钱不知道都花到哪儿去了。

（4）请专业人士参与预算工作。商家在做成本预算的时候要多听取专业人士的意见，本着专业人做专业事的原则。活动涉及各个行业，商家并不是对所有的行业都了解，比如广告宣传的弹性非常大，商家如果自己挨个儿去谈的话，效果肯定比请专业的要差很多，而且还费时费力。

2. 严格控制促销开支

商家都知道，市场上任何的商品或者服务都有一定的价格浮动空间。促销人员在活动的准备以及进行过程中，可以通过一些方法和途径适当降低采购成本。同时，在促销的过程中，不确定因素也会导致预算的增加。所以，促销的准备和进行过程一旦不能很好控制，就会出现超出预算的情况发生。

李先生是一家店铺的老板，在十一黄金周的时候也做了一场促销活动。活动准备阶段，他也做了很详细的成本预算。当时他做的成本预算金额是 20000 元，但是等活动结束以后发现花了 32000 元，远远超过预算金额。

由于活动之前没有做好人员的分工，活动中如果缺少什么东西，他就随便找一个员工帮忙采购，最后店铺的员工基本上都参与了采购工作。

当时，员工采购的时候，他认为都是小钱也就没有要求开具发票。到最后，也不知道是因为多采购了活动需要的物料还是因为别的环节出现了问题，导致了实际支出远远超过预期。但是由于参与的人数比较多，他没有办法大范围调查，所以也就不了了之，只当是花钱买个教训。

上述这个案例，就是因为没有严格按照预算计划执行，意外费用导致预算增加。所以，要想促销成本在预算之内，少花钱、多办事，就需要从节约开支和防止意外费用两个方面来加以控制。

节约开支是指促销经办人员要尽量采用一些方法使采购成本、物料成本、广告投入为市场最低，特别是广告行业的价格空间比较大。

意外费用发生是指一些本不该发生的费用由于某些因素的影响而发生。所以，促销活动不仅要有管理人员还要有监督人员。

总之，促销成本控制归根结底是对人的控制，无论是成本预算还是开支，都需要专业的事专业人干，专人负责并配备监督人员。只有这样，促销活动才能做到低成本，高回报。

借势造势：一切都是可以靠借的

借势促销是指商家把商品的促销活动融入到消费者比较关注或者能够接受的人、物、事件之中，使消费者了解并购买商品的促销手段。

经济学家威廉·立格逊说：“一切都是可以靠借的，可以借资金、借人才、借技术、借智慧。”商家做促销活动，不能只看到自己手中有什么资源和优势，要有发散思维，把关注点扩散开来，看看周围的资源优势有没有可以借用的。借助的“势”不能仅仅局限于一点、一面，要有立体思维，从人到物、从友商到竞争者、从供应商到客户等都是“势”的范围。最主要的借势手段包括以下几种：

1. 借其他商家的势

借其他商家的势是指借助与自己有关的商家的优势。首先，借助的商家要与自己有一定的关联，包括商品的关联、感情的关联、位置的关联等。比如，与你相邻的店铺客户资源比较好，它做促销活动的时候你也可以同时做促销活动；你朋友的店铺做促销活动，你也可以把自己的商品加入进去一块做；再比如你的竞争对手做促销活动，你也可以和他一起做。

麦当劳和肯德基应该也算是这种关系，既竞争又互相借助对方的优势，最后基本达成了一个共赢的局面。

2. 借其他产品的势

借其他产品的势是指借助与自己产品相关联的产品优势。这里说的其他产品包括三种：一种是与自己产品相依存的产品，比如米和面、衣服和鞋子、沙发和电器等等；另一种是竞品，比如质量和自己差不多价格却比自己贵的竞品等；最后一种是自家产品，比如滞销的产品和热销的产品捆绑等。

3. 借热点事件的势

借事件的势是指借助目标客户比较关注又与自身产品相关的热点事件影响来完成产品的促销。

某汽车维修店铺在柳絮纷飞的季节里发现，很多的车主抱怨自己又要清理水箱了。这一事件的发生让店铺发现了商机所在，就借助柳絮给车主带来烦恼的事情做起了“到本店保养，免费送汽车‘口罩’”的促销活动，营业额比同期足足翻了 4 倍。

4. 借消费者的势

借消费者的势是指借助消费者的购买习惯、购买行为以及购买心理。比如，药店一般会在季节更替或者天气变化频繁的日子里做促销等。

借势促销告诉我们要借一切可借之势力，但并不是所有的“势”都能借。一旦借错了“势”不仅不能给促销活动带来帮助，更大的可能是带来负面影响。所以，借势促销也要注意哪些该借，一般要注意以下几个因素：

（1）关联性。关联性是指要与自己的促销活动相关。如果关联度不够或者关联度相反，利用这种“势”只会给自己带来麻烦。比如，天气预报说下个月开始全面降温，最低气温将达到零下10摄氏度，你却利用这一事件搞一个“美丽冻人”的夏装促销，别人即使不说你傻，估计也会认为你不正常。

（2）正能量。正能量是指一些积极向上，不会给社会带来不良影响的人、物、事。对一些负能量的东西最好不要借。比如借助优衣库试衣间这些负面的热点事件营销就是非常得不偿失的举动，只能落个“赔了夫人又折兵”的结果。

（3）共鸣。共鸣是指借助的“势”要与目标消费者的情感有互动，要满足目标消费者的情感娱乐化需求。比如，某位大牌明星到本地开演唱会，你可以做一场“买某某或者满多少元送演唱会门票”的促销活动。

（4）新意。新意就是要推陈出新，要避免目标消费者的“视觉疲劳”。我们都知道，在前些年，店铺搞一场促销请一两个唱歌跳舞的就能吸引足够多的眼球，但是现在你要还这样做，那么用门可罗雀形容促销的人气绝不会夸张。

（5）能掌控。能掌控是指借助的“势”要朝着自己想要的方向发展，不能借到一半方向变了，跟自己没关系了或者朝着自己的对立面去了。

其实，任何一项促销活动都掺杂着借势的成分。为什么有的商家通过借势取得了促销的成功，而有的商家却没有取得任何成效？这是因为，那些成功的商家借对了势，而且把势的影响发挥出来了。所以，商家在做促销活动的时候，一切对促销活动有利的东西都要“借”。

体验促销：让顾客参与到活动中来

体验促销是指，商家通过让目标顾客参与到活动中，亲身体验商品或服务的品质和性能，激发目标客户的购买欲，从而促使成交的一种方式。

相比较传统促销方式，体验促销更在乎顾客的体验，通过顾客参与活动，让顾客自己感受到商品的价值，从而促成成交。

苹果公司是最成功的体验促销践行者之一。苹果的直营店设立并不只是为了能够卖多少台手机或者多少台电脑，它的存在更重要的是给目标客户提供一个体验的场所，让目标客户亲身体验苹果的品质和性能。体验思维也成为苹果拥有不可替代地位的最重要因素之一。

商家的促销活动也是一样的，要让顾客切身体会到商品给他的生活能带来哪些便捷。那么，如何才能做好体验促销，让顾客参与到活动中来呢？

1. 锁定目标客户

体验式促销活动是针对目标客户的需求来做的，首要的任务是锁定目标客户。锁定目标客户是整个体验式促销活动的核心所在。如果商家在做体验式促销活动的时候，根本就不知道自己的目标客户是谁，就主观臆断搞出一套活动内容，到最后积极性没有调动起来，体验就也无从谈起了。比如，很多商家经常采用的“免费试吃（用）”，顾客吃也吃了、用也用了，最后两腿一抬直接走了。这种情况说明，参与的并不是目标客户，所以他们才没有从体验中得到价值。

所以，体验式促销活动的第一个任务就是对目标客户进行选择，要弄明白哪些群体才是商家开展体验式促销活动的对象。那些形式单一，没有目标群体之分，针对所有顾客的促销活动，最后的结果只能是瞎折腾。

目标客户的选择要根据商品的特点来确定符合哪类客户的需求，进而划定区域、划分群体。

2. 确定目标客户特点

锁定目标客户以后，就需要对目标客户的特点进行详细的调查了解。要知道他们的文化、爱好、生活习惯、关注点等。比如，促销商品的目标客户是年轻的女性消费者，就要从年轻女性的角度出发对她们的特点进行调查。调查以后，商家还要对获取的相关信息进行筛选、分析，从中找到它们之间的共同点。只有找到了它们之间的共同点，才能给下一步的制定活动内容，也就是体验手段提供有效的依据。

3. 针对目标客户特点，制定活动内容

找到目标客户的共同特点以后，就需要针对这些共同点制定活动的内容。活动内容的制定要从目标消费者的共性出发，把目标消费者共同关心点拎出来放大，这样才能充分调动目标客户的参与积极性。同时，把影响目标客户参与活动的因素尽量回避，确保活动进行中不出现麻烦。

活动的内容要有创意，一个好的创意能够把促销活动的主题和产品的特点表现得淋漓尽致，相反，一个坏的创意会让一场活动索然无味。

飞利浦曾做过这样一项富有创意的促销活动。飞利浦组织了一群商务精英，把这群商务精英分成两个挑战小组。每个挑战小组的成员人手一部飞利浦手机，并把飞利浦手机作为他们唯一的通信和摄影工具，开始为期一周的“商务精英野外生存”挑战赛。这样的活动飞利浦分别在中国的敦煌和喀纳斯等地持续举行。

飞利浦的促销活动分别表达出：它的目标客户是商务精英；它的手机特点是超长待机、耐磨和抗低温。它选择野外生存同时赚取了公众的“眼球”，可谓是创意无限、回报无限。

4. 活动执行

再好的创意，再好的主题和内容，如果没有能够很好地执行，一切都是空谈。活动执行是一个系统性的工作，但是里面有一个因素是不可或缺的，那就是细节。细节是决定活动执行是否成功的最重要因素。“千里之堤溃于蚁穴”就是不注重细节带来的后果。

笔者曾经参加过4S店举办的汽车之旅活动，商家在细节方面就做得非常到位。工作人员在帮助我们检查汽车的时候，由于不小心鞋上沾上了机油。等到检查车厢的时候，工作人员顺手从口袋里拿出了一双鞋套戴到脚上。笔者当时非常惊讶，如果是在4S店，工作人员随身携带鞋套这能理解，没想到在室外搞活动。工作人员在细节方面做得也这么到位。这家 4S 店在笔者心目中的形象立马直线飙升。

5. 活动评估

很多商家在做完促销活动以后就万事大吉了，把眼睛全部盯在了收入上。对于体验式促销来说，活动结束以后，商家必须对活动的运营情况进行评估。因为在体验式促销活动中，目标客户所获得的感知效果是需要商家详细掌握的，掌握了目标客户的体验效果，才能为下一步的成交和下一次的活动提供经验教训。

总之，体验式促销活动要以目标客户为前提，以让目标客户参与到活动中为中心，活动的主题要有创意，执行的过程要注重细节，活动评估要真实、有效。

社交传播：有谈资才有转发

社交传播指的通过社交渠道进行的一种信息传播形式。在过去，社交传播仅限于人们口口相传的形式。随着移动互联网的发展，网络社交渠道越来越成熟，俨然已经成为社交传播的主流渠道。对于店铺来说，要想制造话题、扩大促销影响力，社交传播无疑是绝对不可忽视的一个营销渠道。那么，店铺具体该如何运用作社交传播形式呢？

1. 精准定位目标人群

社交传播是基于用户社会化属性，也就是说目标人群是社交传播的基础。我们知道，不同的社交平台用户的爱好、兴趣都是不一样的，比如微博用户偏向于关注时事热点以及愿意分享的人。

2015 年夏季，面对防晒品竞争激烈、销售周期较短的市场状况，玉兰油再次优化了其市场策略，对目标消费者进一步进行细分定位，并聚焦。当其他防晒品牌还在锁定都市怕晒女性时，玉兰油将目光瞄准了旅游人群。通过对目标人群的精准定位，玉兰油选择和全球最大私人旅游指南 Lonely Planet（孤独星球）跨界合作。借助 Lonely Planet 的社交特性与影响力，玉兰油在营销推广方面取得了突破。

作为旅游行业最具影响力的媒体，Lonely Planet 的粉丝们绝对都是发烧级旅游者。他们的分享往往具有真实性和深度可读性。针对这个特点，玉兰油确定了以“挑战阳光，环球玉兰游”为主题的促销活动，向渴望旅游却又怕晒黑的年轻女性发出“就不怕晒”的口号。晒照片、分享旅游心情和状态，从传统平面广告 + 口碑互动 + 论坛分享到游戏赢奖，玉兰油利用社交传播的力量，将旅游炒得火热，引爆了社交圈的话题。

“你去哪里？玩得如何？”俨然已经成为网友在社交平台的谈资，同时，也成为玉兰油和目标人群进行互动的最佳话题。网友们纷纷围绕“旅游”自创一些段子、感悟、心得发到社交平台，而核心又都是围绕“就不怕晒”展开。最终，经过统计，玉兰油本次促销活动有 3 亿人次参与、4765 万个话题阅读量、“就不怕晒”微博话题的讨论量达到 4.4 万条。

玉兰油“就不怕晒”话题的社交传播能够达到如此大的影响力，源自于网友不同程度的参与和分享。而正是玉兰油通过精准定位目标人群，切实掌握目标人群的社交传播特点，才能引起众多潜在受众主动关注、分享内容。

那么，商家如何根据自己商品的特性来定位目标人群?

首先，根据产品特性，确定目标人群。我们知道，任何产品都不可能在某一方面同时满足所有人的需求。产品能够满足哪些群体的需求，这个群体就是产品的目标人群。确定目标人群第一步要详细了解产品知识，包括产品的原料、工艺、功能、结构、优缺点等。详细了解产品知识以后，要把产品的功能和卖点提炼出来。提炼出来以后，要根据功能和卖点来确定能够满足哪些目标人群的需求。一旦确定需求，目标人群也就随之确定了。

其次，对目标人群进行二次细分。确定好目标人群以后，商家还要对目标人群的大概轮廓进行切割，根据不同的年龄、性格、爱好、购买能力进行二次细分。二次细分要确定哪些是主要关注人群，哪些是次要目标人群，哪些是辐射人群以及哪些是推动人群。

最后，锁定核心目标人群，并了解其社交特点。例如，在玉兰油案例中，其目标人群首先是 20 ～ 30 岁的年轻女性。经过二次细分之后，他们锁定了 20 ～ 30 岁爱旅游的都市年轻女性作为核心目标人群。然后针对核心目标人群“爱旅游、爱分享”的特点，给了她们一个转发、分享的理由，使“就不怕晒”话题刷爆社交圈。

2. 给用户一个转发的理由

很多商家在做社会化营销的时候，总是非常纠结。别人做社会化营销不花一分钱转发量都能达到成千上万甚至上亿，而自己做社会化营销不仅要给钱还得求着人家。比如，本条信息转发朋友圈，我们会免费送你某样东西；本条信息转发达到 x 次，我们送你 y 元大红包……

那么，人家做社会化营销为什么不花钱就能成功，你又为什么屡受挫折？其实，只要掌握了以下五个要点，你的社会化营销也能和他们一样既不花钱、转发量又高。

（1）猎奇。好奇心是人类的天性，也正是好奇心驱动着人类学习、进步。可以说，好奇心是人类社会发展的内在动力，同时好奇心也是人类交往的驱动力。

雀巢咖啡公司就是利用了人们的好奇心成功推广了一款新咖啡。雀巢设计了一款类似于沙漏的咖啡瓶，把咖啡豆藏在咖啡瓶里。把这个装满咖啡豆类似沙漏的咖啡瓶放在网上，利用粉丝的点赞量来揭开这款新咖啡的神秘面纱。

（2）热点。从传统的口口相传的社交传播内容来看，往往追踪热点是处在第一位的。对于已经在网络上引发讨论的热点话题，自然是社交传播必不可少的内容。所以，店铺在采用社交传播形式时，要时刻关注热点话题，不时地搭一班顺风车，让社交传播的效果最大化。

（3）有用。一项研究表明：人类一切行为动机本质都跟是否对自己有用相关。也就是说，人们只会关注与自己相关的信息，如果信息对自己有用或者对自己朋友圈的人有用，就会去收藏、去转发。这里的有用是指能满足自己的某些需求，比如给人们提供谈资、满足人们表达的渴望、帮助别人、帮助塑造个人形象……

（4）互动。社交本身就是依靠互动而发生的。没有互动，就没有社交，自然也就没有社交传播。所以，要玩转社交传播，不只是把内容发出去就罢了，还要和粉丝保持高频率的互动。从某些方面可以说，互动是促使社交传播持续发酵的主要动力。

奥巴马在2008年的总统竞选中能够胜过希拉里，与他在社交传播中和粉丝主动互动有着很大的关系。在竞选过程中，奥巴马经常在

Twitter 上更新消息，包括自己的竞选口号和纲领等。最重要的是，他和粉丝的互动回复高达 15 万次，而对手希拉里虽然也在 Twitter 上建立了个人主页，和粉丝互动的次数却寥寥无几。

（5）争议。在社交传播中比较火的谈资，往往没有绝对的对与错，反而有绝对的争议。越是有争议的话题，越容易引起网友的讨论。对于通过“你一言，我一语”建立起来的社交传播来说，有讨论才有传播。是非鲜明、毫无争议的话题反而不会引起网友的关注和转发。所以，店铺在创作社交传播的内容时，可以适当地制造一些争议性话题，并引导网友进行讨论，推动社交传播的进度。

在移动互联网时代，能够掌握移动终端的商家必然会成为未来的赢家。无论是线下店铺还是线上店铺，都应该真正重视社交传播的力量，逐渐增强通过社交媒体满足客户需求、解决问题的能力。

软文推广：善用文字的力量

软文，顾名思义，它是相对于硬性广告而言的文字。而软文推广则是指通过在传统媒体、网络媒体等宣传载体上发表的有助于提升品牌形象和知名度，或者促进产品销售的一种宣传性文字，包括特定的新闻报道、深度文章、案例分析等。相对于硬广来说，软文推广能够用较少的投入，取得最大的宣传推广效果，达到促销的目的。

软文推广的本质就是广告。这一点毋庸置疑，无论多软，其目的都是为了实现推广：推广品牌、推广产品、推广活动。一次优秀的软文推广，必须注意以下几个要点：

1. 确定推广目标

软文推广的目的就是把店铺想要表达的信息传达给目标受众。那么，目标受众是谁？店铺想要说什么？实施软文推广的目的又是什么？这些问题都必须在动笔写软文之前搞清楚。

首先，软文推广的目标受众要根据其推广目的来确定。对于推广品牌的软文，目标受众当然是以品牌定位的目标消费者为主，但同时又是越多人知道越好。因为这意味着品牌的知名度会有所提高。对于推广产品的软文，其目标受众必须紧紧锁定目标消费者，因为非目标消费者并不能带来产品销量的提升。而对于推广活动的软文，其目标受众则和其活动锁定的目标人群一致。

目标受众就是读者对象。写文章就像是说话，只有确定了对象，才能知道要说什么、怎么说，才更容易让对方接受。

其次，店铺想说什么和软文推广的目的事实上是一回事。要达成什么目的自然想要说什么。无论是推广品牌、产品还是活动，都要求软文写作者必须清楚了解店铺的信息：店铺的名称是什么？卖什么产品？即将开展什么活动？为什么要开展这个活动？哪些读者会有可能成为店铺的新顾客？对于这类店铺和商品，顾客最关心什么？等等。通过这一连串的问题，你就会对店铺的定位、商品类型、活动方案有一定的了解，这样写起来才能得心应手。

2. 写好标题，就成功了一半

好的软文标题就像是挂在鱼钩上鱼饵，即使知道暗藏玄机，消费者也难以拒绝一探究竟的诱惑。所以，软文标题一定要抓人眼球，要与众不同，绝对不能平庸无奇。优秀的软文标题写作技巧有以下几点：

（1）化身目标受众。要想知道鱼最喜欢吃什么鱼饵，必须先成为鱼。要想知道什么样的标题能够吸引、打动目标受众，首先必须化身目标受众，以他们的视角看问题，用他们的思路想问题，然后才能知道“怎么说，目标受众才会跟你走”。

（2）亮点、亮点、亮点。所谓“亮点”就是能够让目标受众看一下就能在茫茫文章大海中记住你写的标题的元素。一般来说，软文标题的亮点有三个方面：数字、观点和事例。这三个方面，任选一两个，或者三个都用到软文标题里面，首先确保你的软文不会被埋没。当然，数字一定要惊人，观点一定要新颖独特，事例一定要震撼。否则，在大家都用数字、观点和事例的软文推广时代，你依然无法突出自己的亮点。

（3）把利益直接亮出来。如果你实在不知道该如何写标题，那么就想想，你要推广的内容会给目标受众带来哪些利益，其中最大的利益是什么，例如，免费、秘诀等。提炼利益关键词，然后进行组合。

（4）借势造势。对于无法在软文推广方面投入太多的小店铺来说，学会在标题中借势是提高软文曝光度的关键。比如新闻事件、热播影视剧、最近较火的明星等，均可以当作借势的对象。

软文标题写作虽然以吸引目标受众为首要要求，但绝对不能为了创造吸引力而故意进行虚假自夸或者不恰当的比喻，使读者腻烦，反而会产生负面效果。

3. 内容为王：有说服力，还要能传播

从软文推广的目的和作用来看，好的软文内容必须能够打动、说服目标受众，使其对软文推广的品牌、产品、活动产生认同感，并愿意主动转发文章。

（1）要有说服力。所谓的说服力是软文利用各种可能技巧让受众接受的能力。首先，要从消费者的角度出发，把产品和安全感结合起来、产品和价值感联系起来，要满足消费者以“我”为中心的需求；其次，语言表达要清晰、准确，如果某些观点需要佐证，要表明佐证的出处，要满足消费者求实的心理。

（2）要有传播性。传播性是指要有吸引力和感染力，要让受众认为值得转发。首先，要抓住新闻事件的热点，紧跟人们的关注点，利用新闻事件的热度；其次，软文的内容要能引起人们心灵的共鸣，并采用一些夸张等修饰手法把这种共鸣放大；最后，偶尔也可以写些有争议性的人或事，但是要把握度，不能是生与死、好与坏或者涉及政治、法律的话题。

4. 软文发布：选准时机，选对渠道

软文撰写好了以后，选择什么样的平台，选择什么样的时间发布尤为重要。一旦选择不好，软文写得再好也是一文不值。正如人们常说的，“错误的时间遇到错误的人”，那是悲剧。

（1）选准发布时间。软文的发布要根据人们的日常作息习惯来决定，一般在人们刚开始工作、即将要下班或者将要休息的时间最为合适。当然，也要根据不同平台用户的不同习惯来选取有针对性的时间点。

（2）选准发布平台。如果你选择的发布平台用户少、活跃度低，软文的影响力也就达不到你想要的程度。所以，选对平台对软文发布来说同样重要。比较常用的、影响力比较大的软文发布平台包括门户网站、微信、微博、论坛和传统媒体等。

对于店铺促销来说，软文推广能够为其带来超出想象的收获。通过文字传播的力量，店铺能够快速实现品牌推广、产品推广和活动推广的目的，引爆促销氛围，实现促销目的。

第五章
如何进行促销评估

- 人员的管控
- 促销评估方法

人员的管控

一、促销前规划人员训练的核心内容

促销人员训练的核心内容主要包括以下几个方面：

1. 电话邀约话术的训练

您有没有考虑过为什么通过电话邀约的方式，邀请到的实际到店客户人数未达目标呢？那是因为在进行电话邀约的时候，店铺没有对电话邀约人员的话术进行训练。

2. 信息发送的训练

短信发送应该怎么做？控制在多少个字以内？核心内容如何体现？微信平台里面的内容应该如何去发送？什么时间发送？

3. 微信平台内容的审核

4. 产品活动方案的训练

店铺有哪些活动的方案，导购应该非常熟悉。

5. 现场产品推进的训练

如何把这个产品推销给顾客？

6. 喊麦词的训练

声音、语气、喊麦的内容等都非常重要。

7. 现场截流的训练

员工要放下面子，调整心态，要把截流的话术演练好。

8. 现场顾客的接待以及顾客异议的解答训练

9. 安全与团队的配合

在促销前，您要针对这 9 大方面内容对您的人员进行训练。

二、促销过程中，每位员工应具备的素质

1. 学会“看人”

员工要依据顾客的打扮，估计其年龄、身份以及喜好，然后准确判断消费者的消费能力和消费需求，投其所好，从而刺激消费者达到购买的目的。

2. 具备积极主动的精神

在卖场，员工要主动观察顾客，主动为顾客指引，要做到“眼观六路，耳听八方”。

3. 具备专业的销售知识

每一名导购都要成为专业的销售顾问，要依据顾客的需求，为其提供专业化的销售服务，只有这样，成交率才会提高。

4. 具备深度沟通力

顾客的需求是综合的，除了产品质量、价格之外，顾客更加注重商品与自己需求之间的适合度，所以，对于顾客喜欢的产品，其尺码、颜色等，导购都要做深度的了解。

5. 具备专业的销售技能和技巧

导购要能够随机应变，要能够更好地解答各种消费者提出的问题，要提高自己的销售技能和技巧。

6. 善于诱导成交

当导购获取顾客信任之后，可以告诉顾客产品更多的优点，放大优点，吸引顾客的注意力，比如，销售人员可以这样跟顾客说："这块丝巾，是我们总监亲自设计的，非常有创意，它的面料是 ×××，关键是只有今天才是这个价格，才有这个赠品，过了今天就没有这个优惠了。"

三、导购在促销销售过程中要掌握的几个要点

1. 对自己的产品有信心，了解产品的优缺点，放大产品的优点。

2. 学会用成功的案例做销售。

3. 站在顾客的角度，为顾客着想。

4. 客观地销售。

5. 学会侧面地回答问题。

四、在促销活动当中，成交的三大注意事项

1. 设定简单、易记的促销内容。

2. 加强导购的技能训练、专业知识训练。

3. 把握好顾客的想法，选择恰当的时机进行成交。

以上就是我们在促销过程中对人员的管控，重要的是在训练。

促销评估方法

1. 投入产出比的评估方法

这种方法关注的是粗暴的回报额，它的目的是反映促销投入与销售产出的平衡关系，即单位投入所获得的销售回报。它的计算公式为：

投入产出比 = 促销投入费用 / 销售产出

比如，投入的费用为 3000 元，销售额为 30000 元，那么投入产出比为 1:10。

这个投入产出比的评估法优点是简单、直观，缺点是过于笼统，无法反映促销资源的实际效果。这种方法主要应用在门店还没有市场基础，也就是说这个门店是新店开业，还没有数据做支撑。

2. 销售增量回报比评估法

这个方法，主要以关注销售增长额为目的，反映的是促销投入费用与销售增长的平衡关系，也就是说，单位投入与销售所获得的增长比。用公式表示为：

销售增量回报比 =1- 促销投入费用 / 促销前后的销售差值

比如，促销的费用为 3000 元，在促销之前，销售额为 18000 元，促销之后销售额为 30000 元，这个时候销售增长了 12000 元，那么销售增量回报比为 0.75，也就是说当数值越大，增量越高。

用销售增量回报比评估法做评估的优点是它能够体现促销资源对销售增长的贡献，但无法体现促销对企业利润的贡献。所以这种评估方法主要应用在市场维护、市场阻击、深度开发或者对单一产品（或产品毛利率相差不大）的情况下，做促销的评估。

3. 效益增量回报比评估法

效益增量回报比评估法，主要关注企业利润为导向，也就是说这种方法能够反映促销对门店的效益增量的贡献，对利润增量的贡献，它是通过毛利额的形式反映出来的。它所反映的就是单位投入所获得的单位毛利的增长。效益增量回报比评估方法的计算公式为：

效益增量回报比 =1- 促销投入费用 / 促销前后的毛利差值

比如，投入促销的成本为 3000 元，促销前门店的毛利是 7200 元，促销后，门店的毛利是 12000 元，这时，促销前后的毛利差值为 4800 元，所以效益增量回报比为 0.375。这种评估方法的优点是能够充分体现促销资源真正的价值，为今后促销方案的改进提供数据支持，缺点是计算比较复杂，建议大家通过专业的软件系统进行自动计算。

4. 观察评估法

通过观察消费者对促销活动的反映，得出促销效果综合评价的过程。比如，我们观察参加竞赛与抽奖的人员，优惠券回报率的情况、赠品支出情况等，就是通过目测、沟通、抽查或者了解的方法，来做评估。这种方法优点是简单、易操作、费用低，缺点是容易受主观因素的影响。

5. 市场调查评估法

市场调查评估法是店铺有关人员进行市场调查分析、确定促销效果的方法。其调查项目包括促销活动的知名度、消费者对促销活动的认同度、销售增长（变化）情况，店铺的形象在促销前后变化情况等。具体的操作方法是：

（1）寻找一组消费者面谈（市场调研问卷、访谈）。

（2）调查促销活动的消费者数量（参与活动消费者的人次）。

（3）消费者对促销活动的印象。

（4）从活动中获得利益的消费者数量，以及造成消费者对品牌选择的影响等。

这种方法比较适用于评估促销活动的长期效果。

6. 单位成本评估法

所谓单位成本评估法，就是单次投放的广告吸引进店人数作为衡量指标，或者用成交数、客单价的指标进行评估。其用整个促销所需投入的资金除以促销活动中接触的目标消费者数目，得到的数字即为接触到一个目标消费者所需要的单位成本。如果低于广告投放的单位成本，则说明该促销优于广告。

比如，投放广告的年度每月单位成本为 = 年度广告费 6 万元 ÷12 个月 =5000 元 / 月，平均每月的顾客进店人数为 500 人，则广告的单位成本为：5000 元 ÷500 人 =10 元 / 人次，促销投入成本为 3000 元，当月进店人数为 500 人次，则促销的单位成本为：3000 元 ÷500 人 =6 元 / 人次。

第六章
促销达人：挖掘并培养自己的促销人才

- 如何挖掘并培养自己的促销人才
- 会看人：会观察和分析顾客
- 有激情：有积极主动的精神
- 够专业：做顾客的专业辅导顾问
- 善沟通：深度挖掘顾客需求
- 懂取舍：机智应变的能力
- 能成交：能够因势诱导顾客成交

如何挖掘并培养自己的促销人才

培养优秀促销员是实现促销目的的重要环节之一，我们的促销员应该具备以下几种素质：

1. 会看人：会观察和分析顾客。

2. 有激情：有积极主动的精神。

3. 够专业：做顾客的专业辅导顾问。

4. 善沟通：有深度沟通的能力。

5. 懂销售：专业的销售技能和技巧。

6. 能成交：能够因势诱导顾客成交。

给大家举一个案例。

案例：

某童装店正在搞促销活动，店铺里聚集了很多顾客，有一位顾客带着小孩进来，顾客对是否购买犹豫不决，店员张三看到了，马上过去与顾客交流。最后成交，该顾客后来成为该店的忠实顾客。

总的来看，促销员必须具备以下几个素质：

1. 要学会看人

依据顾客的打扮，分析他们的年龄、身份、性格以及可能喜欢的事情等，准确判定消费标准和需求，以便投其所好，达到刺激其购买的目的。

2. 积极主动的精神

比如，顾客需要试穿鞋子，一般导购拿给顾客试穿 3 ~ 4 双就已经失去耐性。笔者的一位学员学习课程之后，深知对顾客要有耐心、积极主动的服务精神。有一次给一位顾客拿了十几双鞋让其试穿，而且试穿的鞋没有马上收起来，最后顾客试穿后，发现身后十几双鞋子都是他试穿的。在成交环节，导购建议其中的三双相对更合适该顾客，顾客左看右看之后，看了满地的鞋子，也感觉不好意思，最后挑选了其中一款鞋子买单。各位读者朋友们，能做到让顾客感觉不好意思，主动掏钱买单，就像从“售前、售中、售后”营造感动，创造感动，因为感动销售是销售中最高的境界，也是最好的销售武器。

3. 专业的销售顾问

依据顾客的需求，为顾客提供专业的色彩搭配以及专业知识。顾客凭什么买你的产品，凭什么成交，其一是产品的性价比，顾客对产品感兴趣；其二是导购的引导力，通过导购的专业化销售，从顾客的需求设计、产品的设计、材质、款式、功能、做工、包装、品牌、服务、性价比等方面进行专业的解答，从而让顾客产生信任，最后促进成交。

4. 深度沟通的能力

顾客的需求是综合的，除了质量、价格，更重要的是商品是否适合自己，是否适合需要它的场所。那么导购的沟通能力就显得非常重要，从接待顾客到发问顾客，解答顾客异议、成交顾客都需要有较强的沟通能力，而这种沟通力还要让消费者感觉舒服，最后成交的概率才会增加。建议各位朋友平时在店铺多演练、多看一些沟通方面的视频或者书籍，也可以微信搜索公众号“门店在线学习”，里面有一些素材可以帮助大家进行训练。

5. 专业的销售技能和技巧

销售技能和技巧一定是训练出来的。我们看到一些门店的导购销售技巧非常强，有些就非常弱，这些都在于平时的训练。在线下课程中，我们在做“店长特训营”的时候就发现，有训练和没有训练的店长和导购，其销售技巧完全有差别。没有训练的是依据自己的想法来说，当然给顾客的感觉就是杂乱无章、不够专业。而经过训练的学员，他们的应变能力很强，不管顾客怎么把话题岔开，他们都能随机应变，同时把话题引导到销售成交的环节。这就是培训和没有培训的区别。

6. 诱导成交能力

当获得顾客信任时，可以因势利导，告之顾客更多产品的优点，放大优点，吸引顾客的注意力，同时采用多选多或二选一以及建议法进行诱导成交。

会看人：会观察和分析顾客

“看人”是店铺促销员的重要工作，但并不是所有的促销员都会“看人”。会看人的促销员能够依据顾客的打扮分析他们的年龄、身份、性格以及可能喜欢的事情等，然后准确判定消费标准和需求，以便投其所好，达到刺激其购买的目的。而不会看人的促销员却经常会因为判断失误而失去成交的机会。

“会看人”要求促销员能够通过观察准确判断出顾客的购买意向，对于有购买意向的顾客进行分类并针对其特点进行销售。

1. 判断顾客购买意向

店铺开展促销活动，虽然吸引大量人气，但并不是每一个走进促销现场的顾客都是为了购买商品。一般来说，促销现场的顾客分为三种类型：有明确购买目标的顾客、有购买意图但目标不明确的顾客和没有购买意向的闲逛顾客。

首先，有明确购买目标的顾客，走进店铺促销现场后会直奔目标商品而去，甚至主动提出购买要求。这类顾客往往会提前关注店铺促销活动，并选好购买目标。所以，对于这类顾客，不需要过多介绍活动内容，要快速、主动、热情地接待，并帮助其做出最终的购买决策，使其获得完美的购物体验。

其次，有购买意图但目标不明确的顾客，往往是缓慢地步入店铺促销现场，眼光不停在各种商品中间打量，并且在个别商品前面停顿、迟疑，但并不提出购买要求。这类顾客是促销员需要重点关注的对象，他们可能因为促销员的一个言行就立刻做出购买决策，也可能因为促销员的忽视而悄然离去。对于这类顾客，促销员应该主动接近，并且用封闭式问题探求购买需求，恰当的时候进行商品展示、重点介绍、给出优惠，促使其做出购买决策。

最后，没有购买意向的闲逛顾客，一般都是被促销现场的热闹氛围所吸引，并没有购买打算。所以，他们在促销现场的状态是闲逛——行走缓慢、四处张望，并且专爱凑热闹。这类人群很容易因为没有成交的可能被促销员忽视。事实上，来了就是客。对于店铺促销活动来说，培养潜在顾客同样是一个重要的目的。面对这类顾客，如果促销员依然保持热情的接待，并主动向其介绍促销活动的内容、优惠的力度、推出的新品等，极有可能使其产生购买需求，并顺利成交。

某中老年服饰店正在开展中秋节促销活动。一个中年妇女缓缓走入店铺，四处张望。促销员热情地走向前："中秋节快乐！有什么能帮到您？"

顾客依然保持四处张望的姿态，淡淡地回答："我就随便看看。"

促销员继续笑着说："买衣服是要好好挑一挑的。您有什么需要可以随时叫我，我叫小丽。"

顾客点点头。促销员转身拿了一本产品手册和促销宣传单递给顾客，并引导其坐下，然后倒了一杯热水端给顾客。

十分钟后，顾客叫来促销员，询问了店铺促销活动的细节，并提出试衣服的要求。经过试衣和促销员介绍，顾客最终购买了两件衣服，满意离去。

如果案例中的促销员因为顾客的“随便看看”而放弃，这个顾客恐怕真的“随便看看”就离开了。所以，对于走进促销活动现场的每一个顾客，促销员都要以饱满的热情和专业的态度去接待，而不是敷衍了事。观察和分析顾客的根本在于根据顾客的需求和性格、消费习惯、消费水平等提供差异化的服务，而不是为了“放弃”顾客。

2. 七种顾客类型及应对

促销员对顾客的购买意向进行初步判断之后，接下来就要通过进一步沟通判断其性格、消费习惯、消费水平等，然后有针对性地应对，争取成交。常见的顾客类型有七种：

（1）从容不迫型：沉着冷静，对事物有自己的判断标准，并且不容易被外界环境所影响。他们对促销员的介绍会认真聆听，有时还会提出自己的看法，但不会轻易做出购买决定。

应对策略：最好从对方最感兴趣的产品特点切入，举证分析或直接让顾客自己体验。要在全面了解利益的基础上，提供更加合理、公正的建议。

（2）犹豫不决型：有购买的意向，但态度却晦暗不明，难以预料。

总是在商品的性能、使用方法以及价格上进行反复对比、琢磨。

应对策略：首先要取得对方的信赖。然后，在进行产品推介的时候，不要受对方情绪、态度的影响。要冷静地诱导其说出疑虑，并进行详细讲解，使其打消疑虑。切记，不可急于成交。

（3）自命不凡型：喜欢自我吹嘘、夸夸其谈。表现出一副对一切都很懂的样子，不肯接受别人的劝告。

应对策略：闭上嘴，听他说，并且要表现出十分钦佩他的样子。顺便多多赞美他，彻底满足他的虚荣心。然后再进行诱导，使其难以抗拒你的建议或者通过赞美满足其虚荣心让其成交。

（4）滔滔不绝型：表面温和，喜欢凭自己的想法来判断事物，常常忽视别人的建议。说起话来滔滔不绝，却很容易跑题，如果不加以控制，销售现场就会变成家常聊天。

应对策略：关键词“点头、微笑、引导”。保持微笑，听他说，并且不时点头附和。见缝插针，伺机而动。在恰当的时机将话题引到商品上来。进入主题之后就要注意对话题加以控制，直到成交为止。

（5）吹毛求疵型：疑心很重，并且缺乏耐心，喜欢挑刺，一味地唱反调，有时会毫无道理地发脾气。争强好胜，喜欢与别人抬杠、争论。

应对策略：“挑刺”有极大可能是你的潜在客户。针对其爱争论的特点，先与对方争论一番，然后假装“投降”，再“吹捧”，恭维他的“高见”。然后顺势介绍一下促销活动的优惠力度以及产品的好处。当他在你面前觉得很有成就感、优越感的时候，又了解产品的好处并且有优惠时，成交率会大大增加。

（6）来去匆匆型：神色匆忙，进店后往往直接询问目标商品信息，并催促“快点”，强调自己时间有限。他们更关心的往往是款式和质量。

应对策略：不要啰唆，以干脆利落的方式来为其提供服务。在介绍产品的时候，直接说明其好处，重点强调款式和质量，不必拐弯抹角。只要他信任你，并且对款式、质量满意，通常都会很爽快地成交。

（7）沉默寡言型：话语很少，对促销员的讲解虽认真听却极少反馈，不轻易说出自己的看法，情绪波动也不大。从表面很难看出其购买意愿，但在店里待的时间又比较久。

应对策略：尽量多提问，促使对方开口。在对产品进行推介时，最好让其亲自体验，同时提供一些权威资料、实例加以证明，帮助其做出理性的判断，并加强其购买的信心和欲望。

以上七种仅仅是常见的顾客类型。当然，每个人的行为、心理、习惯都不是一成不变的。不同的人在不同的时间、场合所表现的特点也会不同，可能侧重于以上某一点，也可能包含以上几点。促销员要根据当时当地所观察、感受的行为来进行分析和判断，并做出应对，以促使成交为最终目标。

有激情：有积极主动的精神

几乎每个店铺都会对促销员强调要对顾客主动、热情。但极少有促销员真正理解主动、热情的内涵，以为只要面带微笑、紧跟顾客身后，随时准备为其提供服务就是主动热情。事实上，这种做法反而会让顾客“避之唯恐不及”。

37岁张女士在三八妇女节时，来到一家正在做促销活动的内衣店，想选购一款内衣。她一走进内衣店，促销员就“美女”地叫个不停，思想传统的张女士听起来很别扭。她尴尬地笑笑，继续往里走。促销员直接跟在她身后，一个劲儿地和她说话，向她推荐各款产品。张女士感觉有点烦，但她还是耐着性子选了两款内衣要求试一下。结果她还没试好，促销员就又拿着几款内衣向她推荐，张女士感觉好像自己今天不买一件商品就走不掉了。这种想法吓得张女士赶紧开溜。

张女士的遭遇几乎很多顾客都在店铺的促销现场碰到过。促销员的这种“过度热情”就是扭曲了主动热情的意义，结果适得其反。真正的主动热情是要用心去做，而不是用嘴去说。要善于察言观色，在顾客有需要的时候提供服务、促成销售，而不是一味喋喋不休地劝说。

真正优秀的促销员，其积极主动的精神会体现在三个方面：

1. 主动销售的意识

什么是主动销售的意识？就是指通过观察、分析挖掘出顾客潜在的需求，这种需求可能顾客自己都没有意识到，在适当的时机进行诱导、提出购买建议。有主动销售意识的促销员，时刻保持着对销售机会的敏感性。他们能够发现并且创造出更多的销售机会，而不是等待销售机会。

某商场周年庆的时候，推出了优惠促销活动。李女士和她老公张先生决定去逛逛。

李女士和张先生来到一家品牌鞋包店。张先生试了一双新款皮鞋，很是满意，而且当天优惠力度比较大，很划算。张先生马上掏出钱包准备付款。李女士看了一眼张先生有些破旧的钱包，笑着说："这钱包还是我们结婚时，我送你的呢！真是有些年头了。"促销员听后，笑着说："两位真恩爱，让人羡慕，这叫钱包见真情呀。"

接着，在某女装店，李女士试了一条裤子，但感觉不是很满意。就在她准备换掉离开的时候，为她服务的促销员拿着一件漂亮的衬衫走过来，提醒李女士："设计师推荐说，这条裤子和这件衬衫搭配穿效果会比较好，您要不要试试？"见李女士有些犹豫，促销员笑着说："选衣服当然要多试才能选到合心意的。反正试试又不要钱，还能看看哪种搭配最合适自己，对不对？"李女士点点头，拿着衬衫进了试衣间。等到李女士换好衬衫出来，促销员又热情地走上前，帮她整理好造型。等到李女士再站到镜子一看，完全惊呆了，刚刚看起来还很普通的裤子这样一搭配，显得整个人都清爽亮丽了许多。李女士当下决定：买下裤子和衬衫！

在该案例中，女装店的促销员明显具有主动销售的意识。她发现了李女士需要再买一件与新裤子搭配更合适的衬衫，却并没有挑明，而是委婉地建议她“试一下”搭配效果，最终达成成交。而鞋包店的促销员虽然服务态度不错，却因为缺乏主动销售的意识，错失了“有些破旧的钱包”背后的销售机会。如果该促销员在恭维顾客“恩爱”之后，顺便点明“我们店里新上了几款男士钱包，而且又逢妻子都陪同，再次重温送钱包的浪漫之情，而且今天打 7 折，很划算”。同时递上店中的新款钱包，相信在新旧钱包的对比之下，没有女人会拒绝再送给老公一个新钱包。在看新钱包的时候，导购再加以引导一些感谢和赞美的语言，例如，钱包钱包，寓意财富越来越多，钞票越来越多。相信在导购主动引导下，成交率将会提高。

主动销售的意识不是让促销员毫无选择地将所有商品都推荐给顾客，而是根据顾客的实际需求进行有意识的引导，使顾客觉得“这款商品还是挺适合自己的”。

2. 主动友好的服务

主动友好的服务能够创造销售机会。既然过度热情会让顾客受不了，甚至会吓跑顾客，那么要怎么做才算是主动友好的服务呢？

主动友好的服务不仅强调主动、热情，还强调友好。所谓导购，就指引导顾客促成购买的过程，而非督促、强迫顾客促成购买的过程。优秀的促销员懂得站在顾客的角度，对顾客要保持主动、礼貌、友好的关心和帮助，而不是按照自己的想法将服务强加给顾客。

主动友好的服务是指在顾客有需求或者疑虑时，在第一时间提供解答、建议，在适度的范围内充分满足顾客的需求，同时给顾客一定的思考空间。这种热情、友好的态度所散发出来自信，会感染顾客的情绪，引起顾客的共鸣，赢得顾客的信任。

3. 主动勤奋的精神

当顾客走到一家促销员正在忙着整理商品的店铺和走到一家促销员正在聊天的店铺，感觉是完全不同的。在看到促销员工作状态的那一刻，顾客已经在心中对店铺的服务质量做出了判断。有些店铺在促销活动中，经常因为忙乱而出现商品摆放混乱、促销海报蒙上了一层灰尘、促销宣传单随处乱扔、商品样品已经十分残旧等情况。这些表象的背后，就是店铺促销员缺乏主动勤奋的工作精神。

顾客会选择懂得并尊重其消费需求的店铺和随时准备为其提供良好服务的促销员。所以，他们会通过店铺环境是否整洁、商品摆放是否整齐有序、商品展示是否用心、店铺宣传是否到位等信息来判断是否选择在该店铺消费。而主动勤奋的促销员会把店铺当作自己的“家”，时刻都在考虑如何收拾才能让它变得更有吸引力。

总之，在促销活动中，促销员的主动热情绝对不能过度用在言行上，而是要更用心。有时候，只要保持耐心守候的关心态度，就足以让顾客感动。

够专业：做顾客的专业辅导顾问

随着各类商品的丰富化和同质化，越来越多的顾客陷入了“选择”的困境。他们不怕买不到商品，而是怕买不到自己真正想要的商品。且不说那些需要专业知识才能准确做出选择的电器产品，单就是一件衬衫，在电商平台上也能搜出几十甚至几百家不同用料、不同价格却“看起来差不多”的商品。此时，如果促销员能够从专业的角度为顾客提供顾问式服务，成交的机会必然会更大。

但是，要做顾客的专业辅导顾问，并非那么简单。很多促销员以为只要向顾客强调自家产品的好处就算是顾问了。事实上，这种不顾顾客感受的行为恰恰走在了顾问式促销员的反面。要想成为顾客的专业辅导顾问，促销员必须注意做好 3 个方面的工作。

1. 成为“专家”

先要自己懂，才能提供专业的建议。像有的服装促销员自己都不懂得服装搭配，却言之凿凿地“建议”顾客该如何搭配。结果顾客按照其建议搭配出来的效果非常不理想，其销售过程也将随之终止。要成为“专家”，促销员首先要对店内所有商品的功能、特点、技术指标、使用方法等了如指掌。但是，这种了解并不是简单背诵专业术语即可，要能够用顾客的语言表达出来才行。最好是能够结合具体的使用场景进行描述，让顾客通过联想产生真实体验感。

某家居建材店，顾客正在几款颜色、花纹相近但价格差别很大的瓷砖前迟疑，他想买一款性价比高一点的瓷砖。但是，对于几款看起来都差不多的瓷砖，他无从选择。

该店促销员早就看出了这个顾客的迟疑，笑着走上前，问道："请问有什么可以帮您吗？"顾客像找到救星一样，赶紧指着几款瓷砖问道："它们有什么不同？"

促销员并不急于介绍产品，而是笑着说："先生，您很细心，确实在买产品之前一定要明晰不同产品的性能和质量。其实，选瓷砖也有窍门。比较简单的做法是敲击瓷砖，听声音。品质比较好的瓷砖被敲击时，发出的声音清脆。如果敲击声音沉闷，那么这款瓷砖的品质就比较一般。"

顾客根据促销员的介绍，分别敲击了自己看中的几款瓷砖，果然其中有两款发出的声音比较沉闷。但是，剩下还有三款该如何选择？他又犯难了。

促销员继续说道："我看您选的这几款瓷砖都是常用于家里卫生间装修的。"

顾客点点头，说："是的。自己家用，想选一款性价比高一点的。"

促销员表示认同，并介绍道："卫生间一般比较潮湿，瓷砖选不好，不好清理不说，防潮性还差，很容易影响日后的使用。要检测瓷砖的吸水率，可以通过浸泡滴水的方法。"说着，促销员拿起一块瓷砖放在店铺的洗手池中，并接满水，然后再拿出。他指着淅淅沥沥滴下的水，向顾客介绍道："你看，这款瓷砖不太吸水，说明它的密度比较高，具有很好的防潮抗污能力。"顾客听后，也拿起其他两款瓷砖，学着促销员的做法检测了一下它们的吸水率。果然发现其中有一款瓷砖的吸水率比较高。

最后，还剩下两款瓷砖供顾客选择。顾客非常信任地和促销员说明自己家的装修风格和他理想中的装修效果。促销员根据顾客的描述，从瓷砖的色泽、纹理、花纹上帮助顾客选中了其中一款。虽然那款瓷砖的价格是顾客最开始看中的几款瓷砖中最高的，但顾客依然觉得自己"买对了"，高兴地付钱离开，并表示"以后买卫浴产品还来你店里"。

相比于一味介绍自家产品的促销员来说，能够为顾客提供更为客观、专业意见的促销员更容易赢得顾客的信任。让顾客信任，就是销售成功的第一步。

2. 熟悉竞品

要做顾客的专业辅导顾问，除了要了解自己店铺的商品，还要熟悉竞争对手的商品情况。这是优秀促销员能够成为顾客专业辅导顾问的资本。唯有全面了解市场上所有同类商品的特性、价格，促销员才能够使顾客明白到底哪一家的商品真正适合他。

某品牌家电专卖店里，顾客问促销员："你家这款电视和旁边那家店里的一款，无论是大小、外形、功能都差不多。为什么贵了六百多？"

促销员笑着说："因为我们家的电视好啊。"

顾客无奈地问道："那到底好在哪儿啊？"

促销员支支吾吾半天，也没接上话。

可想而知，在面对无法说出自家产品比竞品好在哪里的促销员，必然无法留住顾客。熟悉竞品要求促销员不仅要了解竞品缺点，还要了解其优点，甚至包括使用过程中的体验。唯有如此，才能通过客观的介绍，让顾客做出理性的选择。对于缺乏客观的诋毁竞品行为，是专业促销员绝对要避免的。

3. 为顾客打算

做顾客的专业辅导顾问，不仅推销产品，更重要的是他们会真心实意地为顾客打算。他们会站在顾客的角度，充分了解顾客的需求，引导顾客做出最恰当的选择，从而完成销售。例如，有些饭店的服务员在顾客点餐时，总是不停地推荐各类菜品，结果顾客点了太多，却没吃完，造成了浪费。能够“为顾客打算”的服务员往往会在适当时候提醒顾客：“您三位用餐的话，现在已经点了 4 个热菜、2 个凉菜，足够了。再点的话，恐怕会吃不完。”然后再根据顾客的需求，建议他对菜品做哪些调整，比如：“您刚才点了一个小炒牛肉，一个土豆牛腩，是不是可以换掉一个？”相信顾客会因为这个“专业帮助点餐”的服务员而再次走进这家饭店。

要成为顾客的专业辅导顾问看起来比较简单，但真要做到却不是一件容易的事。它不仅要求促销员充分了解产品知识，拥有一定的销售技巧，更要求促销员完全站在顾客的角度来考虑问题，以“帮顾客解决问题”为宗旨，而不是把销售产品放在首位。

善沟通：深度挖掘顾客需求

顾客的需求是综合的，除了质量、价格，更重要的是商品是否适合自己，是否适合需要它的场所。唯有全面了解顾客的需求，才能为顾客提供有效的建议，从而促使成交。而这些都需要通过和顾客进行深度沟通才能了解。需要强调的是，深度挖掘顾客需求的目的只有一个——销售。所以，当你无法满足顾客需求时，才是真正体现沟通能力的时候。

某儿童用品店六一促销活动现场。

促销员："先生，您好！请问有什么可以帮助您？"

顾客："我想花300块钱买两套小孩的衣服。一两岁的孩子，一个男孩一个女孩。"

促销员："真是不好意思，先生。我们店里的衣服即使是促销价格，您花300块钱也买不到两套。"

顾客一脸失望，准备离开。促销员突然问道："冒昧问一句，您为什么要300块钱买两套呢？如果您的预算可以提高一点的话，我们店里倒是有两套合适的。不过加在一起需要418元，我给您零头抹了，400元。怎么样？"

顾客摇摇头，说道："我在本地上班，下周要回老家办事。家里有两个亲戚家的孩子没有见过面，刚好都是一两岁的样子，一个男孩，一个女孩。我想给他们一人买一套衣服做见面礼。在我老家，100 元左右的见面礼就算很不错了，所以不需要太贵。”

听完顾客的描述，促销员笑着说道：“那我明白了。您其实不是一定要买衣服，而是给亲戚的孩子准备见面礼，对吗？”

顾客点点头，说道：“是的。”

促销员说：“那我给您一个建议，您看合适不合适。我觉得选择给孩子买衣服做见面礼并不是最好的选择。一方面，一两岁的孩子，其实对衣服没有太多的讲究；另一方面，这么小的衣服拿在手上也不起眼，送礼的话就显得不够大气。您说是不是？”

顾客点点头，认同道：“你说得还真有点道理。那怎么办呢？我也不知道该买什么。”

促销员说：“咱们店里不光卖儿童服装，也卖儿童玩具。我觉得您与其花 300 元买两套衣服送人，还不如给孩子买两个玩具。一两岁的孩子正是爱玩玩具的年龄。女孩的话，您可以给她买一个公仔，男孩买一个遥控汽车。您看这包装，拿在手上绝对够大、够气派。而且今天店里做活动，这两件玩具加在一起才 200 多块钱，比您预算还便宜了几十块呢。”

顾客听后，立刻点头：“好的，你开单吧，我就要这两个玩具了。谢谢你，这礼物选得特别好，你真是帮了我一个大忙。”

该案例中的顾客原本是想花 300 元买两套小孩服装，结果最后却买了两个儿童玩具，而且还“感谢”促销员帮了自己的忙。其根本原因就在于，儿童用品店的促销员通过沟通，挖掘出了顾客的隐性需求，了解了顾客想买儿童服装的动机，并根据动机提供了更加合理化的建议，从而达成销售。有些朋友可能会说，顾客原本计划买 300 元的产品，最后成交才 200 元，那不是还少了 100 元吗？并非如此，这就是在前面的章节中笔者给大家提出的“利他思维”，要站在顾客的立场考虑，深度解决顾客的需求，那么这个顾客就容易成为您店铺的忠实粉丝，我们要看到后续源源不断的财富，而不是一次性买卖关系。

在深度挖掘顾客需求的沟通中，促销员要做到以下两点：

1. 听与问：顾客要什么、顾客为什么要

会听是沟通的第一步。用心倾听是对顾客最好的尊重和关心，也是挖掘顾客需求的关键技巧。在上面的案例中，顾客在介绍需求的时候，先把预算放在第一位。一般来说，如果是给自己的孩子买衣服，首先考虑的不会是预算，而应该是质量、款式等。如果促销员没有用心倾听，就不可能发现这个细节，也就不会问出关键的一句：“您为什么要 300 块钱买两套呢？”正是这个问句帮助促销员挖掘出了消费者的动机。

所以，会听的促销员在听的同时，会在恰当的时候向顾客发问，鼓励顾客继续讲述。比如，上面案例中，促销员问顾客：“您其实不是一定要买衣服，而是给亲戚的孩子准备见面礼，对吗？”正是这个问题使促销员确定了顾客的真实需求，从而展开销售。

在这个过程中，提问是使沟通顺利进行的核心。一方面，恰当的提问可以激发顾客表达的欲望，使沟通继续进行；另一方面，提问可以引导顾客围绕自己的需求展开描述，从而帮助促销员确定其真实需求。善于沟通的促销员，必须掌握以下几种提问的技巧：

（1）开放型问题。例如："请问有什么可以帮助您？"这种问题问得比较广泛，一般是在还不太了解顾客情况下使用。目的是为了初步了解顾客信息。

（2）特定型问题。例如："您为什么要300块钱买两套呢？"特定型问题指针对某一点提出的问题，目的是为了得到特定的答案。

（3）引导型问题。例如："一方面，一两岁的孩子，其实对衣服没有太多的讲究；另一方面，这么小的衣服拿在手上也不起眼，送礼的话就显得不够大气。您说是不是？"引导型问题往往是先描述一个事实，引导对方给出自己想要的答案。

（4）反问型问题。例如："您其实不一定要买衣服，而是给亲戚的孩子准备见面礼，对吗？"反问型问题是指对既定事实再次描述并提问，确定答案，并使对话继续下去。在恰当的时机使用反问型问题往往能够使促销员由被动变为主动。

2. 提供建议：顾客还可以要什么

了解到顾客的真实需求之后，要向顾客说明你可以帮到他。在向顾客提建议的时候，要尽量引用顾客的话，并且强调顾客的需求，说明你的建议更能满足顾客的需求，是顾客想要的东西，按照你说的，顾客会更加受益。例如："咱们店里不光卖儿童服装，也卖儿童玩具。我觉得您与其花300元买两套衣服送人，还不如给孩子买两个玩具。”

从本质上来说，销售的过程就是促销员和顾客有效沟通的过程。当顾客想要打火机，而你只有火柴的时候，你需要做的就是通过沟通，把火柴卖给他！而这一过程的实现，就要求促销员在和顾客沟通的过程中，不仅要知道“要什么”，更要清楚“为什么要”，然后你才能自信地告诉他 “我能满足你的需求”。

懂取舍：机智应变的能力

在促销活动中，促销人员通过判断、分析和沟通以后，目标客户会朝两个方向发展，成交或者不成交。目标客户向着成交的方向发展，促销人员只需要引导成交就可以。目标客户向着不成交的方向发展，促销人员又该怎么办？这时，促销人员就陷入了最大的困境，不知道该如何选择。如果选择继续沟通吧，促销人员一点成交的把握都没有，只会浪费时间。如果选择放弃吧，先不论目标客户有没有可能成交，最起码会冷落客户。

这就需要促销人员的另外一个重要能力，懂得取舍的随机应变能力。促销人员通过和目标客户的沟通以后应该能够判断，不会成交的客户无外乎实在没有需求和有需求没能力两种类型。针对这两种不同类型的客户，促销人员要采取不同的应变策略。

1. 懂得舍弃

针对不可能成交的客户，促销人员要果断放弃。有人会说，世界上就没有不可能的事情。但是，如果你把不可能的事情变成可能，所花费的时间和精力将远远超过你放弃所带来的收获，特别是在促销活动进行的时候。促销活动中，消费者一般会呈现集中程度高、规模大等特点。

也就是说，促销人员和目标客户的比率肯定是小于1的。一位促销人员接待的客户肯定不只是1位，可能是10位，也可能是更多。同时，店铺既然是做促销活动，肯定有一定的时间限制，期限肯定不会是一个星期一个月，或者更长。

所以，如何在有效的时间内服务更多的目标客户成为影响促销业绩的因素之一。懂得舍弃是在面对众多目标客户时提高工作效率的最有效方式。

当旁边站着更多的目标客户，而自己正在沟通的目标客户明确释放不成交的信号以后，如果促销人员还在抱着“没有不可能”的心态非要把已经释放不成交信号的客户变成成交客户，而放弃更多成交可能性比较大的目标客户，我不知道该如何评价这种行为，如果说执着好像有点过了，如果说死脑筋，毕竟促销人员秉着“不抛弃、不放弃”的精神。所以，不懂得取舍就成为评价这种行为的最好词语。

当然，促销人员即使准备放弃，但也不能表现出不该有的情绪，不能让客户感觉到自己被冷落了。这就需要一定的应变技巧。

小明是一名促销人员，通过和一个目标顾客的沟通发现根本没有成交的可能。但是，客户又在和他闲扯，既没有成交的意思也没有停下交谈的意思。

小明眼瞅着进店的顾客越来越多，一心想要结束交谈去为其他顾客服务。但是，多年养成的职业习惯告诉他，即使顾客没有成交的意愿，也不能不管不顾地把他扔在旁边，更不能让顾客感觉到被冷落。

这个时候，多年的销售经验养成的机智应变能力起到了关键作用。他微笑且真诚地和那位顾客说："先生，需要为你把某某产品包起来吗？"那位顾客一点点头的意思都没有。小明继续问道："先生，关于产品知识还有什么能帮助您的吗？"顾客回答："目前没有了。"

小明用询问的语气："要不，您再考虑一下？刚才我接待的一位顾客去洗手间出来了，我先帮他办理一下付款。您如果有什么新的问题随时叫我。"

最后，那位顾客感觉自己都不好意思了，听完小明的建议后转身离开。

通过上述案例我们可以看出，小明在准备放弃的时候，首先再次追问客户是否能够成交，其次表明我已经没有什么需要回答你的了，最后给顾客一个台阶。这种处理方式既不会得罪顾客，也能使得自己成功抽身。

2. 退而求其次

退而求其次是针对有需求没能力的顾客，包括两个方法：一种是建议顾客放弃自己没有能力但有需求的商品，把注意力转移到有能力有需求的商品上面；另外一种是给顾客准备好产品资料，留下顾客资料，促销过后再联系。

转移顾客的注意力需要促销人员对顾客需求的准确把握，把顾客对没有能力购买商品的需求尽量往有能力的需求方面引导。假如说，顾客看中了一款外观很漂亮的电视，但钱又不够，促销人员就要把顾客对外观的需求往有支付能力的电视上面引导。

小李是一位电视机促销员，一位顾客看中了店里刚上市的产品。但是，这款产品的价格非常高，远远超出了顾客的预算。小李通过沟通了解到，顾客有电视方面的需求，只是没有能力支付他看到的那款产品。这时，顾客已经明确表示不能完成这款产品的交易，但是小李又不想把客户推给别的商家。

她就采取了转移顾客注意力的方式。她通过想象给顾客描述了一个这款电视放在顾客客厅的场景，然后又描述了另一款顾客有能力购买的产品放在顾客客厅的场景。最后，小李引导顾客把对美观追求的注意力转移到了特定的场景里，让顾客真切地感觉到自己的有效需求在哪里。

最后，顾客感觉到新款的电视和自己的装修风格不符，选择了小李介绍的另一款产品成交。

留下客户资料就是把顾客的资料记录下来，以备促销人员在闲暇之余和顾客建立感情联系，等到顾客有能力购买的时候再进行成交，不至于彻底失去这个客户。

综上所述，在促销的过程中，为了提高工作效率，做到资源合理运用，促销人员也要懂得取舍之道，并且需要具备机智应变的能力。

能成交：能够因势诱导顾客成交

因势诱导顾客成交是销售成功的临门一脚。为了达成销售，促销员在完成销售的前面环节之后，要准确捕捉成交时机，并且根据不同顾客、不同需求、不同场景，采取不同的成交策略，以掌握主动权，快速成交。

1. 捕捉成交时机

准确把握最佳成交时机，是快速成交的关键一步。大部分时候，顾客不会主动请求购买，而需要促销人员在最佳成交时机主动提出成交请求。而很多促销员之所以前面聊得很好，最终却没能成功成交，就在于没有抓住成交契机。

巧妙而准确地捕捉成交时机，需要促销员随时关注顾客的一言一行，通过顾客的表现判断其真实想法，捕捉成交信号。当顾客已经有购买意愿，成交时机成熟时，顾客往往会有以下表现：

不断点头，并且态度诚恳。心不在焉地点头只是为了应付，而不是真心认同。

突然不再发问，同时陷入思考。这说明顾客在心中已经有了判断，但还不能最终确定。

开始询问购买细节，如颜色、数量、使用方法、保养方法、售后服务、交货期、支付方式等，说明顾客已经开始想象购买后的使用场景。

主动征求其他人的意见，说明他心中已经有了自己的想法，但还存在某些疑虑。

要求体验、试用、试穿、试吃等；重复问已经问过的问题；询问折扣价格，开始讨价还价；对商品某些细节提出异议。

用假设的语气提及购买，例如“要是……”“如果……”等。

销售过程中，顾客的语言、表情、行为都在表明顾客在想什么。从顾客的言行举止上，完全可以判断出来他是准备购买，还是抵制购买。及时捕捉顾客流露出来的成交信号，就能够准确把握成交时机，从而主动促使成交。

2. 九种快速成交的策略

捕捉到了成交时机，如果成交策略不对，也有可能错失良机。成交的策略很多，下面介绍九种店铺促销活动现场常用的成交策略：

（1）请求成交法。当顾客不再提问、表达异议，并且明显有购买意向，却迟迟不提出购买请求时，促销员就可以迅速提出成交请求。例如：“您眼光真不错，这款我帮您包起来？”或者说：“我帮您下单了？”促销员在提出成交请求时，语气一定要自然，并且尽量不要提“钱”，更不要用“好不好”“行不行”这样的问句。

（2）主动成交法。主动成交是指促销员通过一定的沟通技巧，将成交决策交由顾客来下，而不是由促销员提出。

（3）假定成交法。指假定顾客已经确定购买，进一步要求他说出购买决策。“您看什么时候给您送货合适？”或者“您喜欢哪种包装？”假定成交一般要从顾客购买后的服务角度提出问题，同时促销员要大方自信、语言温和、亲切自然，切忌自作主张或者咄咄逼人。

(4)惜失成交法。利用顾客怕错过的心理，通过给顾客施加类似“错过就再也没有这么好的机会”的压力，来促使对方及时做出购买决策。例如：“您眼光真好，这是我们这次促销的限量款。一共才推出两件，另一件昨天已经被预定了。”

(5)选择成交法。针对商品的款式、颜色、价位、性能、数量、送货方式等作为选择对象，问顾客“要哪一个”。无论顾客做出怎样的选择，最终都能成交。例如：“您是决定买这件白色的裙子，还是那件米白色的裙子？”

(6)从众成交法。针对顾客因为不了解商品性能、质量而产生的顾虑，可以采取“别人都在用，并且非常认可”的从众成交法。例如：“你们单位很多都是买的这款产品，口碑很好呢！”从众成交法适合质量为首要关注因素的商品，如家电、家具等。而对于服装、鞋帽、饰品等注重款式的商品就不太适合了，现在大部分顾客恐怕都不太喜欢“撞衫”。

(7)诉求成交法。根据顾客购买动机，描述顾客购买后的场景，使其下定决心购买。例如：“有了这款抽油烟机，您再也不会每次做完饭都满身油烟味了。”

(8)特殊待遇成交法。绝大多数顾客都无法拒绝“独享”的特殊待遇。例如：“您一次买这么多，我刚才跟老板申请了一下，他同意给您在现有折扣基础上，再打个9.8折。这可是绝无仅有的哦！”一般来说，特殊待遇抛出之后，都能快速成交。

（9）欲擒故纵成交法。对于天生优柔寡断、拖拖拉拉的顾客，当你已经明确提出成交请求但对方依然迟迟不做决定，但也没有离开的时候，你就要做出离开的样子，促使对方做出购买决定。例如：“没有关系，您再考虑一下。您看今天过来购买的人也特别多，您看中的这款很容易被其他顾客抢走哦。”

对于以上九种成交策略，促销员可以根据实际情况选择其中一种或者多种结合使用。当然，也可以发挥创意，寻找更合适的成交方法。但是，无论选择如何成交，都必须保持真诚、和善的态度。

此外，促销员在促销中还应掌握以下几个技巧要点：

1. 首先自己要对产品有信心，了解它的优缺点。

2. 学会用成功的“案例”来销售。

3. 客观销售(依据不同的顾客需求采取主动或保持一定距离的销售)。

4. 学会侧面回答。

最后告诉大家在促销活动中成交的三大注意事项：

1. 设定简单易记的促销内容。

2. 加强导购员技巧的培训。

3. 把握好顾客的想法。

后 记

通过前面六章对门店促销问题大揭秘、促销策略必备的12项武器、促销18式实战技术及技术解析、炒作促销、促销评估、促销达人和提供的完整促销工具22要项、促销方案评估表的讲解，各位读者是否对门店促销的策略和技术有了一定的了解呢？只要大家开拓促销思维、掌握促销的几项核心技术，相信您一定有所收获。在最后，笔者把促销策略和技术的核心知识点再次为大家总结，按这些思路去优化、转化和创新，笔者相信，各位一定可以将门店的业绩再次提升！

首先，促销策略必须要有“创新思维、跨界思维、互联网思维”。

各位读者，要把书中的案例和一些原理有效地结合起来进行创新，融入互联网的思维，结合当下流行的事件进行炒作，这样就把第一章到第六章里面的核心内容融汇贯通，转化使用。例如在主题创新思维上， 我们就要结合促销的18式以及促销必备的12项武器进行创新设计。例如，五一活动方案如何设计相对会有效果一点呢？

大家看到比较多的是“清凉一夏、五一大促销”“夏装上市、欢乐五一”“五一大放价、倾情钜献”“5动全城、1降到底”“五一大放价，限时抢购”“五一疯狂购”“五一乐翻天”“五一惠战到底”“五一欢乐充值送”“五一欢乐购，好礼送不停”“欢庆五一 巅峰回馈”“五一抢先购”等五一促销主题。各位朋友，当我们看了以上主题的时候，请问哪个让您心动？您对哪个比较有感觉呢？是不是大同小异，最后形成了同质化的促销主题呢？第二章“促销策略必备的 12 项武器”第 4 点讲到主题清晰，让目标顾客爱上你，促销主题一定要淡化商业目的，使活动更“亲民”，容易打动消费者。依据这一点，上面的主题是不是违背了“淡化商业目的”这一条呢？为此，笔者结合 2018 年当时比较火爆的一部电影《红海行动》进行主题创新，主题为“五一假期里，和她一起看电影”，然后海报下面是“某某品牌免费送您《红海行动》电影票”！各位朋友，这个主题是不是与其他门店的主题不同呢？而且很亲民，并且结合了当下流行的电影进行活动方案的设计。那么内容上，肯定是与买产品送电影票有关联了，而且您店铺的海报也要结合《红海行动》的海报一起宣传，营造视觉冲击力，营造进店人数，从而带动销售业绩提升。具体的做法，大家通过本书中讲解的重点应该可以想到促销方案的设计吧。当然，不同的品牌定位，设计的主题应该进行不同的设计。比如五一的方案，在设计方案之前，我们要思考五一的节日含义，各品牌各店铺要依据实际情况来定位顾客，“流动顾客”和“VIP 顾客”，哪个是我们这次的主要定位目标顾客呢？通常我们会以流动顾客为主，因为这是一个比较大的节日，相对平时来说，流动顾客会比较多。针对这一节日的特点，我们做促销方案的设计就必须考虑要用什么样的主题来吸引流动顾客进店？主题确定后，活动内容的设计就必须要与主题衔接，当然活动目的、目标、指标的设定自然跟着发生变化。这是当时设计的方案核心内容，大家可以参考转化使用。

1. 活动主题：五一假期里，和她一起看电影

2. 活动内容

2.1 引流方案

2.1.1 凡是手机号码中有3、6、8数字的朋友，均可进店免费抽取《红海行动》电影票2张，祝您抢中！

2.2.2 凡转发到朋友圈、点赞达到58个，均可进店免费抢。

2.2.3 凡组团3人进店的顾客，每人都可免费抽奖1次电影票。

2.2.4 关注公众号即可进店免费抽奖1次电影票。

2.2 成交方案

2.2.1 满额×元均可免费获得2张《红海行动》电影票。

2.2.2 组团3人进店购物在5件以上，每人均可获得1张《红海行动》电影票。

2.2.3 夏款1件9.5折，2件8折，满×元抽奖再送2张电影票。

2.2.4 春款1件8折，2件6.5折，第3件2折（最低折扣不低于5折来计算春款的折扣方案）。

各位朋友，以上活动内容看似普通与简单，但是与主题衔接到位，且主题亲民，与众不同，里面包含前面章节中讲解的一些核心要点：

1. 主题创新、且结合当下流行事件。

2. 赠品创新，符合赠品四大原则之一的“有用性原则”。

3. 活动方案有分引流方案和成交方案。

4. 运用了“玩数字”及消费心理学，故意设置门槛进行引流。

5. 运用了互联网的朋友圈、点赞、关注公众号的方法。

6. 运用了“组团拼单法”。

7. 运用了“满额赠送法”。

8. 运用了“折扣艺术法”。

其次，促销方案的设计必须符合“促销 24569 策略”。

1. 促销策略两大核心：让更多的人进店、让进店的人买得更多

促销方案的设计中，让更多的人进店就是要设计引流方案；让更多的人买得更多，就是要设计“连带”销售的方案，当然就要在方案中体现连带率为多少。连带的预设数据不同，其活动的方案也跟着变。

2. 促销策略 4 大模块：规划、设计、组织、创新

2.1 规划模块内容包括：

促销目的、促销对象、促销目标、促销主题、促销时间、促销地点、促销前期准备。

2.2 设计模块内容包括

促销活动内容设计（引流与成交内容设计）、商品规划设计、陈列设计、促销要点设计、宣传方式设计。

2.3 促销组织模块内容包括

宣传口号的组织、促销组织结构的组织、动员大会的组织、卖场的组织、激励与培训的组织、目标的跟进管理、促销费用预算管理。

2.4 促销创新模块的内容包括

主题创新（主题要淡化商业目的、亲民、有亮点、吸引眼球和消费关注点）、活动创新（包含引流、截流、回流活动的创新）、赠品创新（包含赠品的设计、赠品的使用方式创新）。

3. 创意促销 5 大要素：实惠、消费者参与、新颖、刺激、传播

创意促销的 5 大要素，要结合促销的目的、目标、主题来设计，其核心是与消费者互动，在互动的过程中，让消费感觉到新颖、刺激，然后消费者帮其传播，最后策划上店铺的各种成交的活动方案，其方案要让消费者感觉到赚了便宜、感觉实惠。请大家注意，是让消费者感觉到赚了便宜、实惠，所以，要充分利用折扣的艺术同时还要结合商业模式的策划,商家能找到活动背后的盈利点,这才是高手中的高手!

4. 促销技术 6 大指标：销售额、进店数、平均折扣、连带率、客单价、门槛值

第二章讲了促销前的准备工作，有调研竞品，更重要的还有活动

背景的分析，活动的预测目标。例如，销售额的基本公式是：销售额 = 进店人数 × 成交率 × 客单价

围绕这一核心公式，对促销方案的设计就延伸出六大指标。因为门店的吊牌价是固定的，那么就要预设活动的平均折扣，平均折扣就决定了件单价，也决定了本次活动的毛利率。所以在前期策划方案时，也就是前期的准备工作中，必须要按不同品类进行平均折扣的设计。有了件单价，我们接着要设计本次活动的连带率指标，这样就可以预算出本次活动的客单价范围。有了连带率的预设和计算客单价的预设，门店的满额门槛值才能精准设定。最后依据公式来推算，一般每次活动的成交率变动不会太大，为此，预设了客单价，要想达到预设的销售额目标，就要推算出进店人数必须达到多少个方可达成设定的目标。我们就必须围绕这一指标来设计活动引流方案。这就是 6 大指标的重要性，它起到指导性的作用。

5. 创意促销 9 字口诀：玩数字、玩文字、玩游戏

通过第三章讲解“促销 18 式实战技术及技术解析”，我们清楚了解了创意促销的 9 字口诀就是“玩数字、玩文字、玩游戏”！不同的玩法，其结果完全不一样。

例如，我经常给一些门店辅导时做的一个方案是：满 998 元送价值 888 元的产品再返 688 元！各位，这个方案是不是有一定的诱惑力呢？这仅仅只是我的初级促销玩法，这个方案融入了玩文字、玩数字

的口诀。在书中也给大家介绍了“买2拿4再送500元”的案例，还有“皮鞋砸布什”促销活动，“单转盘变双转盘引流”促销活动等方案，这些都是属于“9字口诀”中的“玩数字、玩文字、玩游戏”。

最后，促销必须预算费用，活动后做评估、分析与改进。

关于费用的预算、活动后的评估、分析与改进，在前面的章节为大家介绍了几种方法，各位朋友一定要会应用，并且是转化使用。例如活动的目的、目标、主题不一样，您的费用预算就完全不一样。您新店开业的促销费用预算与平时节假日肯定是不一样的，具体的比例也在前面章节为大家讲解了一个范围，大家要依据各自的品牌以及活动目标与目的去预算和设计。活动结束了，必须要有数据采集、数据分析，然后采用评估方法进估本次的促销效果，分析活动的优势和劣势，消费者喜欢的赠品以及活动的方式与内容，在后期的活动中及时改进和完善。只有这样，促销方案才能贴近消费者，才能创新，才能达到预期的目的和目标。

柳叶雄